平凡社新書
850

むのたけじ 笑う101歳

河邑厚徳
KAWAMURA ATSUNORI

HEIBONSHA

むのたけじ　笑う101歳●目次

プロローグ

誰でもがこんなふうに生きられるわけではない。そう思いながらむのたけじ最後の三年間を撮り続けた。

むのたけじを見ているうちに、歳をとることが怖くなくなった。一〇代の青年から壮年、老人までが元気になれる何かがこの人物の中にある。

人生こんなものかと冷めた目で見てきた若い世代は今からの時間が無限にあり、できることが実はたくさんあると武者震いをするだろう。ある程度生きてきた世代は、残された時間から逆算して、自分がもらった命をどう完成させるかが最大のテーマだと思うだろう。

むのたけじは戦前、戦中、戦後を同時代として貫き、当たり前のように生きてきたが、最も非凡な人生を私たちに見せてくれた。ひたすらに初めから言っていたことをひたむきにやって、ぶれずに、笑いながら世を去った。その笑いの裏には、命がけの怒りや絶望があった。核兵器が世界から消えていくという匂いをかぐまでは生き抜く覚悟だったが、晩年は笑いながら死ぬ練習をしていた。戦争がない世界へ向け生涯をかけて奮闘しながら息を引きとった。むのの名言の一つが「死ぬ時、そこが生涯のてっぺん」。

老人が一人死ぬのは、図書館が一つ焼け落ちるのと同じことだ、の言葉がある。この本ではむのたけじという稀有な歴史遺産を次の世代に伝えたい。

私ができることはむのたけじの人生に最後まで肉薄しながら、あまり語られてこなかった側面を掘り起し、カメラに向かって話した肉声を伝え残すことだ。ドキュメンタリーで最も大切にしている語り口やその時の表情などをできるだけそのままに伝えたいと考えている。むのたけじを包み込んでいる空気の再現といってもいいだろう。むのはカメラに語りかけているが、気持ちはカメラの向こう側にいる多くの同胞、私たちに向かっている。あまり使われなくなった言葉だが、すぐれた師や人物から身近に話を聞けることを「謦咳《けいがい》に接する」という。至近距離でしわぶきや息継ぎまで聞くようにむのたけじの命を感じてもらいたい。

むのたけじが小学生の時に憶えた最初の英語が、ユートピア（utopia）だった。早熟な武野武治少年は何とはなしにユートピアという外国語を口にすると心が澄んで元気が出たという。

この言葉が種となり、むのはこの世のあり方は変えることができる、もっといい世を作らねばならないと考え始めた。ユートピアは理想郷と訳されるが、皮肉なことにそれはどこにもない架空の世界という意味でもある。むのたけじは一〇〇年を超えて怯《ひる》むことなくあるべき世界へ希望の炎を燃やし続けた。幻に向かって突き進んだ。ドン・キホーテといったら言いすぎだろうか。

私たちは、自由や平和を望んでいる。しかし現実は逆行し、日本社会の劣化に歯止めがない。今こそむのたけじが見せてくれた、とんでもなくかっこいいお手本を共有したいと願っている。

第一章

天職と出会う

新米記者の頃。報知新聞秋田支局前にて（後列右がむの）

「やるとなったら、とことんやれ」

若い時も、老いてからも、自分が何者かはいつまで経ってもわからない。それを見つけようとする自分探しが、人生の一つの醍醐味かもしれない。むのたけじの幸運は生涯一筋に自分を生かせる仕事に早くから出会えたことである。天命は天から降りてくるのではなく、足元から立ち上がる。

二〇一五年五月に横浜で開かれた「平和のための戦争展」で、むのは会場から出たジャーナリスト志望の高校生の質問に答えて、仕事選びのわかりやすい規範を伝えている。親は選べないが職業は個人の自由な選択にまかされている。人がどのような職業を選ぶかは、偶然ではなく自分の意志で決めることのできる重要な課題だと思う。

「質問だから答えます。高校生の方がこれから就職するとき、自分が『やりたいこと』と『やらねばならぬということ』、つまりやりたいとやらねばならないという二つが重なる仕事を選んでください。いよいよ働くことになったら、一番いけないのは中途半端だな。これをやると、自分にも他の人にも迷惑がかかる。だから、私はいつも自分に言っている。やるとなったら、とことんやれ。やらないとなったら指一本動かすな。徹底しろ。

やるなら死に物狂い。命がけ。

トンボや鳥が、生まれてすぐに飛んでいくのをみるでしょう。動物でも植物でもすぐに子どもから大人になるのに二〇年もかかるのは人間だけだな。牛や馬だって、二～三年で大人になる。なぜか。人間は一生がわずか七〇年でも、大人になるまでに二〇年もかけている。

投票権を一八歳まで下げると言うけど、いずれにしても、こんなに長い時間をかけないと大人になれない生き物はない。だからこそ、人間はあらゆるものの王者だと、すぐれた生き物だと言われるわけです。だから、小学生から高校生まで、一年一年に力を込めて生きることを考えてください。そのときに、やりたいこと、心惹かれたことがあったら、それを大事になさるべきです。私はこういう生き方しかできなかったんだなあと、私にはジャーナリストの道しかなかったんだなと今は思っています」

旧制中学時代の作文

では、むのたけじの原点には何があったのか。それは幼少期の体験にあった。

「私は、秋田県南部の農村地帯で子だくさんの家庭に育った親父が小作の田んぼを耕しながら女房をもらったので、自分の家屋敷を借金して手に入れ、やっと生まれた子です。まわりは貧乏だらけでした。真面目に一生懸命働いても、食うだけで精一杯で止まっている。それに比べて、地主や商店主、役人なんかが楽しながら暮らしているのを見ると、わずか三つか五つだったけど、なんで自分の家はこうなのか、おかしな世の中だなと思った。

まだ小学校に入らない子の目で見た世の中、これが私を新聞記者にしたのだと思います」

六郷小学校の頃

秋田県横手市にあるむのの自宅で八〇年前の旧制横手中学時代の作文を見つけた。三年から五年までの国語と道徳の教師は『若い人』や『青い山脈』などの青春小説で戦後大ベストセラー作家になった石坂洋次郎だった。
早くから武野武治の文才に目をかけて、作文を書いた原稿用紙に朱色の筆でいろいろなことを書き込んでくれた。二人の間には尊敬と信頼があった。卒業を前にして石坂先生は、就職依頼を想定した叔父への手紙を書いてみろとクラス全員に課題を出した。一七歳の武野武治の候文は堂々たるものである。

叔父に就職を依頼する文　5年　武野武治

拝啓

時下青葉の候、叔父上様には如何遊ばされ候や。（略）

何分田舎に住み青二才の事なれば思うがままに行かず悲嘆に暮れおり候。しかるにふと叔父上の事を思い起こし筆を取り次第に御座候へば宜しくお願い申し上げ候。さて小生の希望と致しましては新聞社、もしくは雑誌社の方面に就職したく候。その仕事の煩雑なるは熟知いたし居り候とも小生は矮軀《わいく》こそあれ内臓の強壮、耐久力にては決して他人には負をとらずと自負いたし居り候（略）

むのたけじはこの時期にはっきりと新聞記者への憧れを文章にしている。最初に覚えた英語はユートピアだったが、ジャーナリストこそ社会を変え、あるべき世界を実現する力がある仕事だと感じていた。石坂洋次郎はむのの文章に満点をつけ、朱で大きく甲、うまく書けたと記している。古風な候文をすらすら書いたむのには将来、文筆でわが身を立てようという自負があった。

その当時、もう一つおぼろげに憧れた仕事があった。横手中学には東京外国語学校（現・東京外国語大学）出身の三人の教師が奉職していた。校長と二人の英語教師である。先生の友人たちは海外で職を持ち、その手紙を教室で披露してくれた。

「先生の同級生が、世界各地に散らばっているでしょ。その手紙のやりとりを、ちょっとキザだけど、生の英語で読んで聞かせてくれた。そこに、いかに日本の外交が世界の物笑いになっていて、動きがとれないでいるかという感じが出ていた。それで私は外務省で自分を生かせるかもしれないと考えたこともありましたな……」

いつかは世の役に立つ職業に就きたいと願っていた。満州事変が始まった翌年に中学を卒業して東京外国語学校スペイン語学科に入学した。スペイン語を選んだのは、世界で一番多くの国で使われる外国語だという理由だった。

東京外国語学校を一九三六年に卒業して、報知新聞社に入社し当初から考えていた希望がかなった。東京では、その春に雪が降り二・二六事件が起きている。

新聞記者は時代を象徴するような大事件や大事故の現場に立ち、自らの眼で見ることで鍛えられていく仕事である。その意味では、ついている記者と、ついていない記者がいる。むのたけじという一個人の極小の人生は、昭和という激動する極大の歴史といつも交差してきた。二一歳から一〇一歳で亡くなるまで、ジャーナリストとして国の歩みをすべて見てきたと言ってよい。

報知新聞に入ると郷里の秋田支局に配属されたが、すぐに尾去沢《おさりざわ》鉱山の大事故に遭遇した。鉱山は秋田県鹿角市にあり、銅や金が採掘され、和銅元年の七〇八年に銅山が発見されたという歴史がある。一九三六年にダム堤防が決壊して五〇〇人近くの死傷者が出た。鉱山から出る泥を池に貯めていたがその堤防がやぶれて、鉱山労働者の住宅街へ流れ込んだ。

新米記者のむのは汽車を乗り継いで現場にとんだが、写真撮影のイロハも知らず、カメラの使い方を出発直前に教わったほどだった。事故現場に到着すると、おびただしい死体は真っ白だった。それが全部裸体で無残な姿をさらしていた。濁流で衣服が流されたのか、ダム決壊は深夜の午前三時だったから鉱山労働者は夜は素っ裸で寝ていたのかと考えたという。その時撮影したちょっとピンぼけの写真は、事故現場の雰囲気を感じさせる出来栄えだった。

尾去沢の大事故の翌年には盧溝橋《ろこうきょう》事件。日中戦争が始まった。地方勤務を二年で終え、二三歳で東京本社に転勤。この年に「国民政府を対手《あいて》にせず」と宣言した第一次近衛声明が出され、日中両国間の外交関係が断絶した。日本政府は国民政府との話し合いを自ら放棄し、戦争終結への手がかりを失っていった。むのは本社で社会部の遊軍のポストに就いた。その後、朝日新聞に移籍しても最後まで記者クラブには所属しない遊軍記者であった。

こうして激動の時代の記者を一〇年間勤めた。最初に赴任した秋田時代に記者生活の原点となる光景を目撃し脳裏に刻みこんだ。

「新聞記者になって秋田支局に行って、最初いろんな仕事をやるなかで、あの当時は戦死の通知が兵隊の家に届くと、それが新聞社にも伝えられ、家族の様子を紙面に書く仕事があった。あるとき、支局長に、どこそこの何という人に通知が来たそうだから行って見てくれと言われた。

そこの家に行ってみると、思いも寄らぬ光景なんです。奥さんと子どもが二人いて、そこに戦死通知が来た。それで、その人は納戸の奥で泣いているわけです。子どもを抱きながら、悲観して。それが見えたんです。そこに、在郷軍人会、国防婦人会、愛国婦人会などの軍国体制に協力する団体の地域代表が何人も現れたんです。それと私の他に二人ぐらい記者が取材に来ていました。

　そのうち、在郷軍人会の役員が奥さんを諭す声が聞こえるわけですよ。『奥さん、新聞記者にちゃんと説明しなきゃいけないでしょ。夫がお国のために立派に戦って名誉の戦死をされた。その妻として子を守っていきますと言わなければいけないでしょう』と。

　そういって説得しているのが聞こえるのよ。その時、私、ものすごい衝撃を受けたな。そんな話はいくら聞いてもこの記事は書かないと。

　それから思ったのは、軍国体制だから、負けたものを負けたと書けない、本当のことを書けない制約の中に新聞は置かれているが、その中でどういうふうに文章を書くのかということ。だから嘘だとわかっていることは書かない。でも、負ければ負けたように、何とかして通じるように書く努力をしなければならない。それを歪めるくらいなら記事は書かないと考えました。

　その後、私は遊軍記者で社会部の中でもクラブ詰めでなかったものだから、何を書くかは自分で工夫する余地がありました」

民衆の側に立つ

映像を撮影する際にはまず、どこに三脚を立てるのかを考える。たとえばデモ隊が抗議行動をしているときに、デモ隊側に立っていれば、機動隊が防護服に身を固め、警棒をふるう姿が撮影される。

機動隊の後ろから撮影すると、プラカードを持ち、スクラムを組む暴徒が押し寄せるような映像になるだろう。むのたけじが生涯立っていたのは、国家権力ではなく、民衆の側であった。

一九四〇年（昭和一五年）、軍部独裁、日米開戦へと歴史が変わっていく節目となった斎藤隆夫の反軍演説を国会議事堂の記者席で取材している。

その時の、斎藤隆夫の姿がむのの「やるなら徹底的にやれ、中途半端で妥協するな」の手本になった。その詳細は改めて紹介する。

斎藤の議員除名後は、社会大衆党、民政党などが相次いで解散、解党した。そして一〇月には大政翼賛会が発足した。むのは時代を支配していく世論の作られ方を見つめていた。

軍部・ファッショ勢力は良かれ悪しかれ強いことをキッパリした口調で言った。庶民はそれに不安をおぼえながらも、一面では新しいものに期待をかけようとするようであった。経済統制の進行で、生活物資の不足を日一日と苦しく感じていた庶民は何か別のもの何か強力なものを求めていた。人間の足をずるずる引きずり込む藻沼の水面下に似た世情であった。（『たいまつ十六年』）

国家による苦痛をあびる子どもたち

新人記者のひそかな決意。民衆の側に立って嘘は書かない、事実だけを書く。むのの姿勢は、たとえば学童疎開を取材した、一九四四年（昭和一九年）九月三日の朝日新聞での企画記事にも感じられる。四段抜きの囲み記事「母の日記」は勇ましい美辞麗句が並ぶ新聞紙上のなかで母の心情をそのまま伝えるものだった。以下は抜粋である。

いよいよ我が家の最大の宝である長男が出発すると思うと前夜からろくろく眠れない。出征軍人の門出を祝うような気持でいそいそと支度をして新宿駅まで見送る。淋しそうな元気のない顔を汽車の窓から出すわが子、『元気でね、元気でね』と励ましながら、あふれ出る涙を笑顔にまぎらせて去りゆく汽車の陰にいつまでも手を合わせた。どうか立派な日本の子どもになってくれるように、先生すみません、どうかお願いします。

敬一から下痢をしているとの手紙が来た。これまで何度必要なものを送ると書いてやっても、何もいりません、といってくれた敬一が、今度は家の人の写真とお父さんとお母さんが書いた葉書を送ってくださいとよこしたいじらしさ。先生方のご看護できっとよくなります、ともいう敬ちゃん。一日も早く元気になりますようにと、仏間に合掌する。

書けないことがあった時代だから、何が書けるか、何を書こうかと自問自答した。むのは当時を振り返る。

（一九四四年）九月はじめ、一遊軍記者は静岡、山梨両県下の学童疎開先をまわった。疎開学童はみな元気ですからご安心下さい式でない、見たままをレポートした。富士山に登れば東京に帰してくれるというのなら、いますぐてっぺんまでのぼってきます、と口にするほどの淋しさをこらえながら、ある所では一週間のおやつがトウモロコシ二本というひもじさをがまんしながら、しかも新しい集団生活の中で少年少女たちが軍部や文部省なんかの期待しているのとは全く別種の個性を身につけはじめている姿をえがいた。（中略）

撃ちてし止《や》まんだけを要求した検閲当局は横ヤリを入れてこなかったが、この時局にこんなセンチメンタルな記事をのせるのはけしからん、と怒ったのは自社の幹部であった。じじつ記者は、書きながらぽろぽろ限りなく涙を原稿用紙の上にこぼした。日本に生まれたこと以外に何の責めもなくして国家の苦痛をまともにあびている小さな者たちの、ひとつひとつの顔が紙の上に点滅し、子らのゆくすえを思ってみたり、子らを守りきれない大人の無力を思ってみたり、ペンが止まっているのに気づくと、いつのまにか両手をにぎりしめて祈る姿勢になっていた。（『たいまつ十六年』）

この記事を書いた九月末に、むのは長女ゆかりさんを伝染病で亡くしている。一人の医者の出征祝いに、住んでいた浦和じゅうの医師が参加して、病院が閉まっていた。なす術《すべ》もなく、むのの腕の中で三歳の長女は息を引き取った。理不尽な幼子の死も、戦争が小さな弱い者たちを犠牲にするという事実を突きつけた。

新聞記者は記事を書いてこそ存在意義がある。思いがあふれるのに書けなかった記事もある。一九四五年（昭和二〇年）三月一〇日の東京大空襲をむのは徒歩で取材した。自宅があった浦和から新聞社に向かう道筋が大空襲の被災地だった。九日の夜から始まった空襲が終わって夜明け前に被災地へ向かう。その光景は生涯忘れられない。

「死体が飛び散って、ある部分はまばらに並んでいる。ある部分には密集して壁の所に積まれている。もう何とも言いようがない。とにかく手を合わせながらひょいと見たらね、道路の真ん中に体が真っ黒焦げだから何歳かどうかわからないですが、確かにおじいちゃんですよ。それが座ってこうやって座禅しているの。あの、ものすごい爆撃に絶えながら、座禅をしながら真っ黒焦げになっていた人間もいるんだという事実にもうものすごくね……。三〇そこそこの人間ですからすごくショックを受けました。

それでふと考えたこと、私の前に並んでいる何百、何千、何万人という人々の死者は誰も武器を持っていないんですよ。ごく当たり前の学校へ通う子どもたち、ごく当たり前の職人として東京下町で働いていた人間ですよ。兵士でもなければ軍隊でもない、兵器作るわけでもない人が何で束になって殺されるのか。

こういう戦争にあったら人類の望むようなね、納得のいく幸福な世の中はできるわけがないと。戦争なんて百回やったって何万回やったって問題を深めるだけ、人間を不幸にするだけだ。この戦争をやめさせなきゃだめだと。その思いですね」

むのが社に出勤すると、紙面には、例によって「被害軽微」の四文字が刷り込まれていた。そのインクも乾いていなかった。社ではむのが現場を見てきたがそれを書けともいわれなかった。無力だった。天職として選んだ仕事だったが、見たままに書くこともできず、事実を歪めて紋切型に書かれた自社の記事を読んでため息をつく自分を意気地なしだと思った。その経験も八月一五日に新聞社を辞める決断につながった。

第二章

一人の記者が見た戦争

朝日新聞でジャワに派遣された頃

徴兵検査での屈辱

むのたけじは、一九一五年（大正四年）に生まれてから敗戦の日まで、軍靴《ぐんか》の足音の中で育ってきた。生まれる前年に第一次世界大戦が勃発し、日本はドイツに宣戦布告して参戦。その翌年に中国に二一ヵ条を要求。一九一七年にロシア革命。横手中学五年時に満州事変が起こり一五年戦争の時代に青春を過ごす。むのたけじの前半生は戦争とともにあった。中学でも外国語学校でも軍事教練が行われ、若者は兵役に駆り出された。むのは今でも徴兵検査での屈辱を忘れていない。

「一〇〇年生きたけど、国家のおかげで助かった、国家のおかげで災難を免れた、国家のおかげで借金が解決した、なんてないもんな……。二〇歳になったら徴兵検査、身長が一五〇センチで足りないから、『おまえは丙種不合格だ』って。そのときのことを思うと本当に腹が立つよ……。

『むのたけじ！』と呼ばれてから連隊司令官の前に行くと、『親不孝者！　身長がもう五、六センチ高ければ甲種合格で親の名誉を輝かせることができるのに、なんでそうなんだ』と言って、おちんちんのカメの頭をぴんとやるの。もう痛くてぴょんと飛び上がった。そのときの痛さと屈辱感。人間じゃないもんね、モノ扱いだもんな……。そういう日本社会の歪みがそのまま続いてきて、きちっとそれを我々国民自身の手で清算しないままになっているね。だからどこかで穴が空いているんだなあ。

そういうのが子どもの命を奪うような不幸な出来事がなくならないことにつながってるのかなと思って、なんか悲しくなるね」

戦火を交えている中国へ

念願かなって報知新聞に勤めたむのは秋田から東京本社社会部へ転勤。思いがけない取材のチャンスが与えられた。戦火を交えている中国へ派遣されたのだ。

記者の命は現場である。かつて記者心得で新人に語られたことは「半鐘《はんしょう》が鳴ったら火事場へ走る、事故が起きたら現場に行く」である。そこで自分の目で見て、取材して本質を判断することが記事の生命線になる。むのは日本が戦っている中国をその目で見ることになる。

一九四〇年（昭和一五年）七月二〇日の報知新聞に写真入りで豆記事が載っている。

武野記者　北支へ特派　興亜学生汗の奉仕を現地から紙上へ。炎熱の大陸で汗の奉仕を行う研修隊員一行に従ってその現状の報告をするため、本社では社会部武野武治記者を特派することに決定。武野記者は一九日、壮途についた。

時にむのは二五歳の記者であった。日中戦争から四年目に入り、当初の不拡大方針を捨て、陸軍は暴支膺懲《ようちょう》のスローガンのもとで、暴虐な支那（中国）を懲らしめよと喧伝していた。若い武野武治がなぜ抜擢されたのかは不明であるが、誰も現地に入っていない中国北部の取材は記者の本能を掻き立てた。従軍記者ではないので戦場を取材するわけでもなかった。むのがたどった道は、ちょうど日中国交回復を機に実現し、一九八〇年から放送された『ＮＨＫ特集　シルクロード』シリーズでの取材ルートと重なっている。若きむのたけじは関心の赴くまま、一見自由とも思える取材を続けた。

むのはまず北京郊外の盧溝橋をその目で見に出かける。そこで自分を被写体に入れて記念撮影をしている。一個人が昭和の極大の歴史と交錯したと先に書いたが、三年前の同じ七月にこの盧溝橋で日中両軍が衝突し、日中戦争が始まっている。むのは橋の上を行ったり来たりしたが、三年前の出来事を連想させるものはひとかけらもなかったという。幅約七メートル、長さ三〇〇メートルの石づくりの橋を、羊の群れが鈴を鳴らして通っていた。歴史は想像以上に足早に過ぎ去っていく。それを捉える執念がなければ、見えるものも見えてこない。むのは現場に立つ自分の決意を一枚の写真として残している。そこから万里の長城を越えて張家口駅に汽車で到着したのが大陸到着の五日後である。

なぜか遠くへ行きたいと思い、『たいまつ十六年』によれば、当時日本人が行き得た一番遠いところで過ごしたという。二五歳の青年の心情があふれる取材行だった。

報知新聞の特派記者として中国へ。盧溝橋にて

外蒙古ではラマ教のゴンパ（寺院）に泊まり込んだ。宗教上の不殺生を守り、土中の生き物を殺さないように鍬《くわ》を入れた畑は周りには見られなかった。唯一牧畜は行われていた。むのの記事は戦争を忘れたような、今でいう紀行ルポルタージュのようなものであった。

一連の記事の通しタイトルはふたこぶラクダのイラストに「草原に芽ぐむ

もの」だ。

「これは草原の旅日記であり、いま草原に芽ぐむもの、新東亜の息吹があの広漠千里の草原に如何に反映しつつあるかというささやかな報告書である」。戦時下とは思えない呑気な記事のようにも思える。若きむのたけじは何を考えていたのだろうか。

——当時、特派員は自由に歩けたのですか？

「自由に歩けたの。歩こうと思っておった。でも、モンゴルの最前線の様子を見ようといったって伝手《つて》がないでしょ。その時に、名前が思い出せないけど、内モンゴル政府の最高顧問の外交官がいて、その人にまっすぐに会いに行きましたよ。内陸側ではなく、一番北の最前線へ行って、実際がどうか見てみたいので、方法がありませんかと聞いた。その内モンゴル政府の最高顧問を務めている日本人が『よろしい、協力します』と答えて、すぐに調べて何月何日どこそこからトラックが出るから、それに乗っていきなさいと言ってくれた。そうして出かけたけど、最初にびっくりしちゃった。行く途中で、中国の青年が歩いてくると家まで乗せてやると騙してトラックに乗せて、小屋に鍵をしめて閉じ込めちゃうんです。そうして労働者を強制的に集めていく。五人ぐらい集まった。彼らを数百キロかなたの道路工事に使おうというんです。それを見て、とんでもないと思って、二日目の夜にこっそり鍵をあけて、中国の若者を出しちゃった。

翌日、日本人の労働者の連中は怒っていたけど、逃げられたことは何度もあったんでしょう。私をとがめたりしなかった。そういうようなことを見ました。日本がいくら立派なことを言ったってね、隣近所とささくれあった関係ではどうしようもないんじゃないの。

私自身には中国に惹かれる独特のものがあったな。今もそうですが」

黄河のほとりで

むのはこの時アメリカのジャーナリスト、エドガー・スノーを強烈に意識していたようだ。スノーは中国共産党と信頼関係を築きあげて、中国の近代史をライフワークとしていた。

特に一九三七年（昭和一二年）に発売された『中国の赤い星』は、外国人記者として初めて延安に潜入して実現した毛沢東の単独インタビューをもとに書かれたルポルタージュだった。毛沢東の主張を好意的に取り上げ、その後の共産革命を予言する大ベストセラーとなった。それを読んでいたむのは、新聞紙上では紀行記事を書きながらもひそかにジャーナリスト魂を燃やしていた。

「東京外国語学校に入って何が変わったと言ったら、当時学校があったのは（竹橋の）毎日新聞社の前。江戸城の外堀と内堀の間で、蛮書調所《ばんしょしらべしょ》（徳川幕府直轄の洋学研究機関）があった。そこから歩くと一五分で神保町の古本屋街。古本屋には本が山のようにあって、しかも自分が見たこともないような本が安値でずらっと並んでいる。それを買うための工面をして、毛沢東とかレーニンとか読みふけってたらもう恋人みたいなもんだもんな。特にレーニンの奥さんのクルプスカヤはいい人だったらしいね。女性の教育問題を一生懸命にやった。

　それと同時に、毛沢東たちの革命派が延安を拠点にしていたが、世界には様子が伝わらなかったの。そしたらエドガー・スノーが延安に飛んで毛沢東や周恩来と会ってレポートを書いた。それが『レッドスター・オーバー・チャイナ——中国を覆う赤い星』。日本語では『中国の赤い星』という単行本が出てね。それを見て熱狂するような感動を覚えた。そこにつながっていくわけ」

――初めて大陸を踏みしめて特派員として何を見てきたのですか？

「あなたが聞くから告白すると、大本営発表では日本は勝った勝ったといい、日本軍が何万何十万と行って占領しているが、実態はどうなっているか。それを見るためには一番新しい戦場がいいと思って内モンゴルに行った。包頭《ほうとう》なんかに行って見てみた。

そしてわかったことは、大人も少年少女もひっくるめて、中国の民衆は日本に屈服する可能性はゼロだということ。日本が中国を攻める限り、中国人は最後まで、日本兵がいられなくなる日まで、とことん日本と戦うと……。これでは戦争をやめるしかないけど、日本政府はやめられない。

その時に私が決意したことは、ちょうど子どもが一人生まれたばかりで、女房と何も相談しないけど、一人で延安に行こうと思った。

黄河の付近に、八路軍《はちろぐん》、中国共産党の軍が出入りして活動しているとわかったから、リュックサックにいろいろな物を詰めて、包頭の宿屋を出て歩いていった。黄河のほとりへいって、ごろんと横になった。たぶん朝の九時頃。八路軍に捕まりに行ったのよ。

捕まったら延安に行きたい、毛沢東のところへ送ってくださいと頼もう、それだけ考えていた。むこうが何を言うか。もしかしたら殺されるかもしれないけど、そういうのは何も考えなかったね。片言の中国語も話せない時代、私は二五歳だったけどバカでねぇ、とにかくそこまで思い詰めていたの。

でも中国の人は私を殺さないと思っていた。その時、寝ながら撮った写真があったんだけど、とうとう見当たらなくなっちゃった。一番惜しい写真です」

――結局は空振りに終わりますが、そのへんは記事にできませんね？

「していないです。なんかおかしいもの、自分でも。それを書いてみても、どうってこともないと思うし。黄河のほとりで仰向けに寝ながら、エドガー・スノーのように八路軍に延安に連れて行ってもらいたいというような馬鹿げたことを妻とも社とも相談せず、殺されるかもしれないことなのに。私にはそういうところがある。隣近所の民族に甘えるところがあるな……。私には敵だと思えないもん」

期待の満たされないことを知った旅人は、河心に向かってカメラのシャッターを切った。はるかな対岸が一本の黒い横線を描くだけで、帆影も人影もないただ満々たる水がきらめいているだけの変哲もない写真が、しばらく経って報知新聞社会面に三段ぬきで掲載された。下欄の短い説明文は次のように結ばれていた。

かつて寧夏《ねいか》を過ぎ、回教圏をこえてインドに達したアジア横断ルートの起点であった南海子碼頭よ、そのルートに新生命のかよう日は、古いもの邪なもののほろびを待たねばならないのか、黄河にたずねる、その日は一体いつなのだ？（『たいまつ十六年』）

親友、信夫韓一郎との出会い

初めての海外体験となった中国への旅は一ヵ月ほどで終わった。組織に属していながら独自の視点と、誰も考えつかないテーマを見つけて実行した（未遂であるが）むのたけじに感服する。むのは最後までどこか少年のような夢想家でありつづけたが、その心は自力だけを頼りにする強さと裏表だった。

この年、北支から日本に帰ると、国中がせかせかした慌ただしい空気に包まれて、街には「ぜいたくは敵だ」の看板が目立った。至るところで、人々は流れに身をまかせていた。国民は行き先も知らされないバスに乗っていれば、あとは何とかなるという時代の気分に

朝日新聞社ジャワ派遣隊の面々（二列目左端がむの、中央が信夫韓一郎）

呑まれていた。

この冬には、強く勧誘されて、報知新聞を退職し朝日新聞記者となる。むのが書いているものによると、その後の一年は、なんとなく茫漠として瞬く間に過ぎていったという。

しかし、国は滅亡への舵《かじ》を切っていく。

一九四一年（昭和一六年）一二月一日。御前会議で対米英蘭開戦を決定した。一二月八日に日本は米英に対して宣戦布告した。日本軍はマレー半島に上陸し、ハワイ真珠湾空襲が行われた。

「米英軍と戦闘状態に入れり」の発表に続く戦勝ニュースは、小さなものが大きなものの鼻柱をへし折ったという興奮を呼び起こしたが、痛快時の泡はすぐ消え、たいへんなことになったという気持ちでいっぱいになった。がくがくと膝頭が震えた。

日米開戦の数日後には従軍特派員の一人に指名された。浦和の自宅を出発したのは翌年の元旦だった。妻の美江は、その時の夫の様子を「別れた時のあなたのあの微笑のように複雑な微笑をみたことがない」と繰り返し語ったという。東京駅から列車で大阪に行き、港から軍用貨物船で台湾の基隆《キールン》へ向かう。

基隆港から汽車で高雄に到着して待機がかかった。軍は開戦直後の国威発揚《はつよう》に新聞を利用しようとしていた。朝日新聞だけでも総勢二五名の大取材陣だった。加えて、武田麟太郎、大宅壮一、富沢有為男《うイお》、北原武夫、横山隆一、飯田信夫、大木惇夫《あつお》といった文化人による宣伝班が編成されていた。むのはこの取材で最後まで尊敬した朝日の上司であった、信夫韓一郎《しのぶかんいちろう》と出会った。

この思い出をむのは、関係者や友人が集まって開いた一〇〇歳を祝う会で、こういう会をやるなら、来てほしい人が何十人もいるが、一番来てもらいたいのは信夫韓一郎という男だと話し出した。

「信夫淳平という国際法学者の長男として韓国で生まれたので、韓一郎と名づけられた。一九〇〇年生まれで、私よりは一五歳年上だった。七〇代で亡くなりましたが、この男を私は大事な友だと思っています。ところが、何度も会ったかというとそうじゃないの。この男と触れ合って憶えているのは三つの出来事しかない。

一つは太平洋戦争が始まり、朝日でジャワへの派遣隊として二五人が組織されたとき。そのキャップが信夫韓一郎だった。台北で一ヵ月をかけ軍団編成をやって、三万の軍団がインドネシアを攻めていく。待機中によく皆で、高雄楼というところへ昼飯を食べに行きました、同じ仲間でも、接触は薄いので一緒になるのは昼飯ぐらいでした。

あるとき、陸軍中尉が、軍刀を振り回して、『何、新聞記者どもがここにいる？ 自由主義の朝日もいるのか！』と言って、普通のサーベルじゃない、ギラギラした軍刀、首を刎《は》ねたら飛びそうなものを振り回す。きゃーといって、そこにいた一〇〇人ばかりの客は皆逃げていった。

ふと気づいたら、その将校も消え、私と信夫韓一郎だけがいた。信夫さんがなぜ残っていたかはわからないですが、私はその将校は酔っぱらったふりをしているだけで、こっちをからかって脅しているんだと。こんちくしょーに負けるかと思って残った。

それから、もうひとつ。やがてジャワに支局ができて、その支局長が信夫韓一郎だった。若い我々が原稿を書いていくと、彼は受け取りながら、汗をだらーっとかいている。それでつぶやくように、『若い記者が熱心に書いた原稿を、汗をかいたまま受け取って読んではいかんな！』と、隣のマンデールーム（水浴び部屋）で水を被って、きちっと原稿を手にして読む。私は自分が小作農の倅だから、労働は大事で、他人の労働を大切にする人は立派だと思っている。信夫はそういう態度を示し、書いた記事の感想を若い人に話した。

そして、半年経ったら信夫は京城支局長に内示を受けて、ジャカルタから帰ることになった。出発の二日前、支局に誰もいないときに、突然大きな声を出して、『むのくん！君は俺が好きか⁉　俺はお前が好きだ！』と言うから、『俺もお前が好きだ！』と言った。つきあったのは、これだけですよ。

でも、たったこの三つの中だけにも人間のつきあいで大切なものがある。それは何か。軍人が刀を振り回しても脅迫に屈しない。これはジャーナリズムの原則です。それから、他人の労働を大事にするということ。

私は言葉の仕事をしていて心がけなきゃいかんことは、好きです、嫌いです、やります、やりません、受け取ります、返します、こういう動詞は堂々と大きな声で言うべきだと思ってます。文章にも書いたことがあるし、自分にも言っている。信夫さんはそれをやってくれた。

やがて、戦争が終わって私は横手でちっぽけなタブロイド判の新聞を始めた。信夫さんは東京のど真ん中で、朝日新聞の重役をしていた。豆新聞の記者をバカにせず、私が東京に行って声をかけると、『すぐ来いよ』と言って局長室とか近くの喫茶店で、朝日の内情をぶちまけながら新聞をどうやって本来の姿に戻すかと話してくれた。

私は彼から一生懸命学習しました。最後に、宮崎県の霊峰の畑の中の家で亡くなったとき、ご遺族が『机の上にあるものは、むのさんに送るのが韓一郎の気持ちだろう』と言ってくださった。

これが友なんです。そこには血のつながりとか、職場や労働組合のメンバーだからという人間関係とは違うものがある。それは何なのか。一対一で、きっちりとお互いを敬いあうということ。尊敬がないといかんのです」

今村均司令官のこと

従軍特派員となったむのは輸送船で戦場に近づく。三月一日に今村均《ひとし》司令官を長とする日本軍本体はジャワ（現インドネシア）の西端バンタム湾岸に上陸し、バタビア沖海戦が始まった。むのは実戦の様子を初めて船上より目撃した。この海戦では日本軍として不名誉な出来事が起こった。今村司令官の乗船する陸軍特殊船「神州丸」に味方の駆逐艦から発射された魚雷が命中し、同艦は大破着底《ちゃくてい》してしまったのだ。

今村陸軍中将は海上に投げ出され漂流したが、一兵卒に「こら老いぼれ、しっかりしろ」と助け上げられたという。のちに海軍が謝罪して今村は不問に付している。

むのは仙台出身の今村均に興味を持ち、航海途上で兵士に配られていたパンフレットにも目を通した。そこに書かれた軍規のディテールに司令官の考えが投影されていた。たとえば、もしも戦場で強姦行為をしたら、未遂であっても兵は銃殺すると書かれていた。規則は厳格に適用され、八人の兵隊が銃殺されているという。オランダの植民地支配から解放、侵攻してきた日本軍を見ていた現地民の目を意識していたのだろうか。

この作戦は九日に日本軍がバンドンに到達し、勝利を収める。三月九日の朝日新聞の一面には「全蘭印・最後の時来《きた》る。聖戦完遂に画期の意義。女皇よ、さらばバンドン断末魔の放送」などと赫々《かくかく》たる戦果を謳《うた》う文字が躍っている。

ジャワは三世紀にわたり異民族支配を受けてきた植民地であり、日本軍は当初、解放者として迎えられた時期もあった。オランダ女王の肖像写真に代わり、行政府に掲げられる者は誰か。当初の軍の政策では独立運動家のスカルノ、ハッタなどを獄中から解放している。多民族が暮らすジャワの統治をどうするのか、戦端を開いた日本に最も重要な問題が待ち受けていたのである。むのは朝日新聞のバタビア（オランダ植民地時代のジャカルタ）支局員となり、この大局の行く末を案じながら戦地報告を量産している。今村均司令官が正装して馬上にある写真に以下の署名記事が掲載されている（表題は「南を知り・南に来たれ　ジャワを説く今村軍司令官」）。

軍司令官みずからも重油の海を泳いだバンタム湾上陸作戦戦記は上陸後わずか九日にして十万の英米豪蘭連合軍を屈服せしめた戦果と共に、皇軍の輝かしい敵前上陸戦史に不滅の一頁を刻むものであろう。その軍司令官今村均陸軍中将――今年五十七歳とは思えぬ福々しい童顔。白い半袖シャツに何度も洗濯したらしいカーキ色のズボン。バタビア市の中央コーニング広場北通りの一角を占める宏壮華麗な旧蘭印総督官邸の中で、金ぴかの飾りのないたった一つの部屋、今村さんの居室であり書斎であり寝室である。その小さな地味な部屋で、今村さんは静かに物静かな口調で語り出す。（略）

吾輩は若い者に期待をかけている。やがて大東亜戦争が皇国の赫々たる勝利をもって終わり、戦後経営の始まるときは、日本国内のあらゆる分野において老人が一斉に総退却し、若いものを一足飛びに、二三級進ませてその大事業を若い者だけの肩に負わせてやる必要がある。偉大なる前進はかくしてのみ可能である。いま吾輩から故国へ最も希望することも多数の優秀なる青年が南方にやってきて、南方にしっかりと根を張り、骨となるまで南方で働いてもらうことだ。（略）

金よりも物、物よりも人が大切であるぞ、あらたな皇国のめぐみをあびた南方幾千万の民の心をしっかり摑むかどうか、皇国のめぐみのもとに彼等をいかに更生奮起せしめるか、それがわが南方統治の大眼目である。今見る東《ひがし》印度《インド》の原住民は、確かに怠け者で気力が乏しい。しかし彼らを軽蔑してはならぬ。オランダ人と同じ目で彼らを見てはならぬ。（略）

バンタム湾で陸軍中将の軍服のまま重油の海を泳いだときに、同じようにポカリポカリ海に浮いている兵士たちを見ながら「ああ吾輩とこの兵隊たちは何という深い因縁で結ばれているのだろうか。この兵士たちを死ぬまで忘れまい」と思わずつぶやいたという今村さん。予備役になったら夫人とともにジャワに永住して私塾を開くのが、この将軍の念願であり、その念願は日一日と深まり強くなるという。（昭和一七年六月二〇日・朝日新聞バタビアにて武野特派員）

バタビア市長人事をめぐる特ダネ

この記事に続いてむのが本当に伝えたい記事が書かれた。むのが出稿した七月三日の小さなバタビア発特電だが、これが世界の注目を集めることになる。

——七月三日の朝日新聞のバタビア発の特電は小さい記事だけど、大きな意味があったんですね。

「ジャカルタ支局が設営されて、従軍特派員からバタビア支局員になった。せっかくだからと軍政、日本陸軍がインドネシアという国をどういうふうに治めて、将来どうするつもりかということを見届けたかった。なぜなら、私はアジア主義者でしたから、アジア問題の専門家になろうと思っていた。昭和一九年には朝日に許可をもらって夜学で中国語を勉強したりしていましたからね。

だからジャカルタでも独立運動のスカルノとかハッタ博士とかとの関係はどうするのか、誰に支配させるのか。当時、一番熱心にやったのは毎日司令部に行ってそれを取材することだった。

そうすると、どういうことが問題になるかというと、日本は大東亜共栄圏のためだというけど、インドネシアを将来独立国にして渡すのか、日本が支配して共同管理にするのか何もわからないわけ。各国の関心もそこなんです。バタビアがジャカルタに変わって、新しい市長を誰にするのか。

バタビア市長は、オランダ統治時代は女王が直接、任命式をしたという非常に重い地位です。そこへ日本がどんな人間をあてがうか各国が関心を持っていた。しかもインドネシアは石油も資源もある大国で、それを日本の軍部はどう扱うか。そういうことを表すのがジャカルタ市長の人選だとわかっていた。

それで、日本の司令部に行くたびに、そういう問題を直接扱う陸軍大佐の副官である斎藤さんの部屋に行った。斎藤さんは、東大を出て外務省に入ったばかりでした。ある時、斎藤さんが、『むのさん、俺、（バタビア市長の）辞令書いたよー』と見せてくれた。

『ジャカルタ市市長、塚本栄』

陸軍大佐の判子も押してある。斎藤さんも外交官だから、小さなことでも諸外国から見れば重大な問題だとわかっている。書いてあった名前はどういう人物かわからなかったけど、三菱商事の支店長だった。

それで新聞記者の私は何をやったかというと、これは本社に送れば一段で片付けられる情報だけど、アジアの人が見れば、あっと驚くぞと。そこで、支局に帰ってから同僚と相談して、これを記事に書いて、本社に送ろうと。

で、どうするか。本社に記事を送るには、ジャカルタにいる陸軍の検閲の判をもらわないといけない。でも軍からは未発表でしょう。

『じゃあ、むのくんが記事書いて一時間経ったら検閲所に来い。それまでに俺らが工作しておくから』と同僚が

朝日新聞ジャカルタ支局にて

言ってくれて、原稿をごく簡単に書いて陸軍の検閲所に持っていった。そこでは朝日の記者が酒を持って、検閲官も含めて皆でわあわあ飲んでいる。私がそこに原稿を『お願いします』といって検閲官に差し出した。

『酒を飲んでいるのに無粋だな』って言いながら、検閲官も適当にサインしてくれた。それを送信機でシンガポールや東京に送ったんです。もう、思った通りだった。シンガポー

ル、アジア各国の新聞は大きく扱っていた。
そうしたら大変よ。陸軍大佐が記事を書いた記者をすぐ呼べと……。

『どこでこの情報を手に入れた、まだ発表もしていないのに』と、喚き散らす。

『明日、日本に返して裁判だ。下手すれば銃殺だぞ』

副官の斎藤さんはおろおろしていた。私は腹を決めていたので、『すべて私の想像です。ここに寄せていただいて、空気をみてこうだろうなと思って書きました。ごめんなさい』って謝った。

次の日になったら、今村均陸軍中将から呼び出しがあって部屋に入った。今村は、記事を書いた責任を自分だけでとったので、軍内部の名誉を傷つけずにすんだと察していた。

『むのくん、ありがとう！　君が罪を被ってくれたから人事に影響はない。ありがとう』

と言ってくれて終わった。

記事としては思った通りで、二面に一段で小さく扱われていました。でもあれはアジア諸国で大きく扱って、それで日本軍部が戦争の後をどうするかがわかると。解釈はそれぞれでしょうけど、本当に新聞記者らしい仕事としてはそれくらいだっただろうな」

その記事の見出しは、「バタビア市長塚本栄氏決まる」

〈バタビア特電二日発〉ジャワ軍政府ではバタビア、バンドン、スラバヤ島のジャバ全島主要都市の市長に日本人を任命することになったが、バタビア特別市の市長には現在同市の指導部長である塚本栄氏（49）を任命することになっており、近日中に発令の予定でその他の市長も目下詮衡中である。塚本氏は三菱商事会社南方課長からジャワ軍政府の嘱託となった。

小さな記事に込めた記者魂と、それを支えた同僚たち。新聞も望んで大本営発表だけを載せていたわけではない。記者たちが意地を見せた記事もあった。

正式に発表された後では特ダネではない。朝日の特ダネ記事を通して世界に発信したい。小さな、見過ごされそうな人事情報から、軍事国家日本の本質を炙り出そうとした、むのたけじの野心が実を結んだ仕事だった。

第三章

現代史の生きる語り部

1940年2月2日の衆院本会議で質問する民政党の斎藤隆夫議員。いわゆる反軍演説で翌月議員を除名に。むのは演説後、斎藤をたびたび記事にした（写真・毎日新聞社）

東條英機の入れ歯

むのたけじは、日本の戦前、戦中の歴史の主役たちに直接会って取材してきた。話を聞いていて感心するのはその記憶力だ。細部も含めてその人物像が生き生きとよみがえる。むのたけじの頭脳は生きた昭和史のライブラリーである。文章だけでは伝えきれない人間の真実をむの記者はさまざまな機会を捉えて目撃し、表面の事実だけではなくその人物を陰影深く活写しようと考えていた。

むのは遊軍記者として自分が確信できる、血の通った文章を書くことを目指した。むのに密着したドキュメンタリーを撮る過程で、戦前、戦中の日本を動かしたリーダーたちに会ってどう感じたかも語ってもらった。

むのが取材した人物を列挙すると、平沼騏一郎、板垣征四郎、米内《よない》光政、小磯国昭、鈴木貫太郎、中野正剛《せいごう》、幣原《しではら》喜重郎にはじまり、高村光太郎、藤田嗣治《つぐはる》、林芙美子など枚挙にいとまがない。

興味を惹かれるのは若い無名の記者ではなかなか会えない権力者にも食らいつき、直接会ってその人物を確かめようとした逸話である。最初に紹介するのは当時の陸軍大臣にして参謀総長、内閣総理大臣であった最高権力者、東條英機である。

むのたけじの脳に眠っている記憶を呼び覚まそうと、まず一九四三年（昭和一八年）一〇月二一日の、「青年学徒諸君！　御国の若人たる諸君は……」から始まる神宮外苑での出陣学徒壮行会の東條首相の演説を聞いてもらった。

「私は東條さんに対する感情が他の人とはちょっと違うものがあるんです。彼の先祖は青森県、岩手県。東北の人間なんだ。だから、こういう演説ではものすごく言葉を選んで、声を高く張ってしゃべるんだけど、記者として行動を見ていると、こういう大演説をやった後、夕方になると馬に乗って商店街をとことこ歩いたり、皆に声をかけたりして大衆人気を盛り上げるような芸当をするわけなの。

この東條英機という人間は一体なんなのかと。私は二十なんぼで失礼だとは思うけど、東條という人間を試してみたいなと思っていたんです。いま聞いた講演では発音の乱れは見られないけど、国会でやるときに、東條さんの話がよく聞き取れない。ところどころおかしな言い違いがあると言われていた。

なぜかといったら、入れ歯の手術をしたが失敗して、発音がうまくいかないと、もっぱら話題だったんです。

それで私、本当にいたずら小僧ですね、もしも、それを記事に書けば、東條さんが必ず反応を示すと思った。とても見栄っ張りな方ですから。

朝日新聞で社会面の隅っこに国会の小さな囲み記事があったので、『東條さんの演説の発音が聞き取りにくいのが評判だ。どうやら入れ歯の手術にしくじったらしい』と書いたの。

そうしたら案の上、次の日かな。東條さんの部下から『朝日新聞にこの記事を書いたのは誰だ！　名乗り出ろ！』と来た。

こっちは面白いものだから、してやったりと思って行ったんですよ、東條さんが国会議事堂の階段を下りてきて、『お前か――！　俺の入れ歯にけちつけた奴は。俺の口を見ろ！』と、口を開けた。

『こら！　俺の入れ歯はきちっと入っているぞ！　バカな記事を書くな！』と怒ったもんで、『はい、すいません』と謝った。

私はそれを記事に書かなかったけど、それを読売新聞でいつも競っていた社会部記者の原四郎（後に読売新聞社副社長）、彼にだけ喋ったの。

『俺、東條をはめるために書いたら、はまったぞ、呼び出しくったぞ』と。

そうしたら原四郎が一部始終を読売に書いて評判になりました」

意外なことにむのたけじは東條英機を同じ東北人としてどこか温かく見つめているようにも思えた。むのの人物評は独特でその時代の空気を伝えてくれる貴重なものだと実感した。

「そういう点で私が言いたいのは、日本の歴史はずいぶん大きな間違いをしているということ。東京裁判でも東條英機が一番悪い戦犯だと処刑されるわけだけど、東條さんはもう戦う体制ができて始まってからの総理でしょ。太平洋戦争が始まってからいろいろな軍の書類を見てわかったんだけど、昭和一五年の始めの段階ではもう、太平洋戦争の準備をやっているんです。そのときは東條なんて、何の関係もない。東條はA級戦犯、悪い奴と言われて処刑されるけど、戦争を始めた張本人は、未だにどこのどいつかわからないんだ。

昭和二〇年のポツダム宣言を受諾したときに、新聞も学者もそれをやらなければいけなかったのに、何もやらないできた。だから、太平洋戦争を始めた張本人は誰なのか、どこの軍部か、はたまたどこの財閥か、そいつらがアメリカの誰と結んであの戦争をやったのか、この問題は残っていると思っている。そこの部分は何も明らかになっていない。

（世間は）東条を悪いように言うけど、哀れな人間だと思う。いよいよ処刑されるときに怖くて自殺を図ってしくじったなんて、陸軍大将が自殺でしくじるようでは話にならないわな。

東条英機はものすごく世間の評判を気にしていた。だから、本当は悪人にはなれない人物じゃないかな。悪人になるなら相当の大物じゃなきゃなれない。世間の評判を気にするような人間は、悪人にはなれないもんだね」

むのは繰り返し語っているが、終戦こそ、日本のジャーナリズムが全力で戦争の真実を調査し、国民に伝える絶好の機会だった。

近衛文麿の記者会見

むのたけじは、ある記者会見が、時の首相の器量をあらわにしたと感じたことがある。

近衛文麿は、五摂家の近衛家の第三〇代当主で公爵の家柄に生まれた。三度にわたり内閣を率い、一九三七年（昭和一二年）、第一次内閣発足直後に、盧溝橋で日中両軍が衝突し日中戦争が始まる。不拡大を唱えていたが、翌年の御前会議では和平交渉の打ち切りを閣議決定している。一九四〇年（昭和一五年）に第二次近衛内閣、続いて第三次近衛内閣。むのたけじは、朝日新聞の社会部記者として記者会見に臨んだ。

「彼には矛盾があると思います。何かというと、世間では近衛家といえば、皇族の次にくる天皇の第一級の臣下です。同時に、日本国民の中の最高位にある立場でもある。それに対し、東條英機は天皇を助ける一番の忠義の組織である陸軍を代表していた。天皇を支えるトップの国民として両方が並んでいて、両方が利用し合う時が続いていていた。

いよいよ太平洋戦争が始まった時には、一億必死の時だから、大政翼賛を謳って、近衛文麿を連れてきて体制を固めた。この人はそこで矛盾を常に感じておった。自分のプラスになれば軍部の味方をするけど、軍部の味方をすることによって国家の体制が危うくなり、近衛の体制も危うくなると、逃げ腰になる。

彼の発言で社会情勢の判断が、新聞社から言えば変わってくるという重大な問題をいくつか背負いました。そのときにあの人は恵まれた状況でもてはやされて育ったせいか、非常に神経の細いような、臆病なところがある方だと思います。

どこか美辞麗句を並べて逃げるような、いくつかの問題が重なって、近衛さんの談話が必要だった。本当はこういうのを扱うのは政治部なんです。社会部の記者が出るところではないけど、私は近衛に関心があったから、政治部と一緒になって、近衛を追いかけていた。記者が六〇人くらいいいたな。五〇人は政治部で一〇人が社会部。

会見をやるとなったら、普通は社会部記者がつけたしで、政治部記者が前面に出るんだけど、政治部の連中も顔見合わせて、質問をしない。そこで私が若輩の新聞記者にもかかわらず、近衛にむかって、その日聞きたいことをまっすぐぶつけたの。

そうしたら、近衛さんは顔をピクピクさせて何も発言しない。その後で、もじもじしてからちょっと用があるから退席しますと言って、五、六〇人の記者をおっぽりだして行っちゃった。

その後、我々は（近衛を）待ったけど、いくら待っても来ない。私が、ああ、悪いことをした。政治部の記者がきちんと質問すれば、近衛さんも応答したかもしれないが、社会部の若造が言ったから機嫌を悪くして引っ込んだなと思って、皆に『申し訳ありませんでした。私が出しゃばったばかりに、近衛さんを逃がしてしまいまして』と謝った。

そのときです。よその新聞社の政治部の記者たちも、『いや、むのくんが悪いんじゃない。あれは近衛がわがままだから逃げて出てこないんだ。気にするな』と。

新聞記者をしていたのは一〇年間しかないけど、ありがたいなと思った。そして後から、近衛さんが結局GHQから追われて、自殺して、というようなことがあったときに、ああ、あの人は弱い人なんだなと未だに思っている。やっぱりあの人はそういう人でしたな。天皇の次の、国民のナンバーワンという地位に自らを置きながら、軍国主義には賛成ではなかった気がする。だけど、それを貫くことはできなかった。

戦争犯罪者として処罰されたけど、彼らも言いたいことがあったんじゃないですか。できたら、ここに呼んで聞いてみたいね。今の日本の様子見ながらどう思うかって。

東條や近衛に聞いてみたら面白いな。あんたらの残した軍国日本は七〇年経ってこうなっているよって見せてみたい気がする」

陸軍大臣、宇垣一成との約束

むのたけじが報知新聞に入社した翌年、戦争の大きな節目になる出来事が起こった。一九三七年（昭和一二）一月、軍縮を成功させ穏健派と目されていた陸軍大臣の宇垣一成《かずしげ》に組閣の大命が下るが、陸軍の抵抗によって流れてしまったのである。その後、第一次近衛内閣で盧溝橋事件をきっかけに日中戦争が始まり、「国民政府を対手にせず」という近衛声明以降に戦争が泥沼化した。

宇垣は翌三八年に新たに近衛内閣の外相兼拓相（拓務大臣）に就任して対華和平工作への転換を模索した。むのは宇垣一成を周りにまつろわない独自の考え方を持つ人物として強い関心を持ち続けた。一九四五年、いよいよ敗戦が近づくなかでむのはひそかに終戦へ向けての未来への筋道がどこにあるのか、それを取材しようと図ったが、少し怖かった。この試みが政権内部の愛国者の逆鱗に触れるような意図を秘めていたからだ。

「天皇が一番信用していたのが宇垣一成だった。彼に組閣の命を出すと、陸軍は表立って反対とはいわないけれど、陸軍大臣を出さずに流産させる。同じようなことがもう一回あった。

やがて昭和二〇年三月には東京大空襲。もうどうにもならないという時に、私個人は朝日新聞社会部の一記者に過ぎないけど、なんとかしてまともな状態で戦争を終えるにはどうしたらいいかを考えた。そして宇垣一成という男しかいないと思った。

私は数え歳三〇の何の力もない人間だけど、このままでは世の中がとてもまともな状態に進むとは思えないから、宇垣さん、なんとかならないかという話を個人で聞きに行ったんです。

新宿・内藤町の停留所近くの家に訪ねていくと、宇垣さんは話し相手になってくれた。

『私には財産がない』『天皇陛下からもらった物は売っていないが、他の物は売って飯食っている』と言っていたけれども、実際に財産もなく、小さな家だった。

『また来い』と言ってくれて、二回、三回と足を運び、『私は一介の新聞記者で政治力も財力もないけれども、記事を書くことで世の中の役に立たなければいかん。宇垣さん、あなたは腹決めて、こういうことで戦争をやめろと言ってくれませんか、それをぜひ記事にしますから』と言って口説いた。そうしたら宇垣さんが『よし、やろう』と言ってくれた。

新聞社に戻っても、宇垣さんと会ったことは社の連中にも言わなかった。ただ下手をすれば記事にもならずに、宇垣さんと私がおかしな目に遭うこともあるから、誰か朝日の記者にこの様子を記録してもらおうと思って社内を見回した。

若い記者の中で、背の高い一番しっかりしていた高橋葉子という女性記者がいた。家も内藤町のすぐそばだった。彼女に頼んで、『これは誰にも言わないでほしい。宇垣さんと二人で（インタビューを）やるから、あなたはそばにいて、何時何分に何をやったかを記録だけ残してくれ』と。

約束の日に電車に乗って内藤町の停留所で降りてみると、長い軍刀を持った憲兵が一人いる。ひょいとみたら内藤町から宇垣さんの家まで一〇〇メートルもないのに、あと二人立っている。電車の停留所から三人立っている。それは何を意味するか。おまえらの企みは全部知っているぞという威嚇なんですね。宇垣さんは言わなかったけど、宇垣さんの家には盗聴器が仕掛けられて、しゃべる人の会話が全部陸軍に録られていたの。宇垣さんも呑気で気がつかないし、私も気がつかない。

そこで何もなかったように、同行した女性記者にも今まで話したことは全部忘れてくれと言って、それっきり宇垣さんとは会わなかった。

宇垣さんは、戦後の参議院選挙では全国区で運動をやらずに一等当選した。国民の側にも宇垣さんに期待があったと思う。

宇垣さんに期待して、議員をやってくださいという人が五〇万人はいた。だから朝日でも俺一人が、おかしなことだけど、救国論を載せるのにいいと思ってね。いま言えばバカだと言われるかもしれないけど、そういう話をしたら、あの宇垣さんがまっすぐ受け止めてくれた。

それがあの人の考え方がインチキでなく、本当に国を憂い、その点では斎藤隆夫と同じように、それで命が失われてもいいと覚悟をした人間が過去にいたということだな。

ただ、斎藤さんも宇垣さんも国民とは離れているでしょ。それをつなげるのが新聞なんだよ。その新聞が当時はそういう役を何もしなかった。それが残念で、たいまつ新聞を考えるようになったんですよ。

平和になってから、あのときの続きを聞くことはできたかもしれないけど、挫折したあの覚悟がね、なんとも言いようがなくて……。これ喋ったことがないのよ。でも宇垣さんは私との約束を知っているはずだ。宇垣さんは当時七〇に近いでしょ。三〇の若造を信用して自分の名誉も命も失うようなことをやるという人物だった。そういう人間が出てこないと、世の中変わらないね」

戦争が終わり、宇垣一成は公職を追放されたが、東京裁判を主導した首席検察官のジョセフ・キーナンは米内光政、若槻礼次郎、岡田啓介と並んで、宇垣を「ファシズムに抵抗した平和主義者」と呼び賞賛している。むのたけじはジャーナリズムが本来持っている力を信じて、自分の思うままに取材しそれを発信することに命がけだった。今思えば、猪突猛進する記者魂がここにあった。

現代は押し並べて、テレビ局も新聞社もサラリーマン化して、組織の中で個が埋没してしまう。むのたけじの考えたことが、そのモヤモヤに風穴をあけることはできないだろうか。

異能の外交官、松岡洋右

外交官として逸話が多く、日本の国連脱退など戦争へ向かう重要な局面で繰り返し歴史の表舞台に登場する、松岡洋右。南満州鉄道の副総裁から衆議院議員となり、日本の全権大使として派遣されたジュネーブの国際連盟の総会で、満州事変のリットン調査団の報告を受けた各国からさんざん批判されて、ついに日本が連盟を脱退するに至ったことはよく知られる。とにかく弁舌の立つ人物だった。当時の新聞には松岡の態度を潔いと認めたかのような「連盟よさらば、わが代表堂々と退場す」などの見出しが躍っていた。のちに外務大臣をつとめている。

松岡は日本、ドイツ、イタリアが三国同盟を結んでいる中で、一九四一年（昭和一六年）四月一三日に、日ソ中立条約をモスクワで調印している。松岡はこの直前にベルリンでの外交交渉でヒトラーに会い、その足でモスクワに寄って電撃的に中立条約を結んだ。

独裁者たちに気に入られる能弁な外務大臣で、モスクワからシベリア鉄道で帰国する際にはスターリン自ら鉄道駅まで見送りに来ている。

前年一九四〇年九月に日本はドイツ、イタリアと三国同盟を結んでいたので松岡はそこにソ連をも巻き込む四国同盟締結への野心もあったようだ。しかし、日ソ中立条約成立からわずか二ヵ月後の六月二二日にドイツはソ連を電撃奇襲して独ソ戦が始まり、松岡の大構想は破れ去った。

同時にこの時期に野村吉三郎駐米大使とアメリカ国務長官のコーデル・ハルとの日米交渉も進められていた。国際関係は混迷を極めており、松岡の胸中はいかばかりだったろうか。

独ソ戦の報に接して、新聞記者が色めきたって松岡のもとに馳せ参じていた。一九四一年六月二四日の朝日新聞にむのの書いた記事が掲載されている。松岡洋右が縁側に座って左手の人差し指を空に向けた写真はむのが撮影した。

「その時の松岡洋右に一対一でインタビューしたのは俺だけだと思う。

彼の家は代々木駅のそばにある満鉄総裁の公邸で、立派な家でした。七、八〇人の新聞記者が松岡邸に集まっていた。秘密裏に恥ずかしい役割をしてきたから、もう新聞記者に会うことはないだろうと言われていた。私は松岡邸の入り口で、なんとなく気持ちが沈んで、敷居の所に座っていた。そうしたら、一時間経ち、一時間半経ち、記者たちはぽつぽつ帰っていく。

私はなぜだか会えそうな気がして二時間半待っていた。すると、松岡の大きな声がして、『新聞記者たちは皆帰ったが、玄関に一人だけうずくまっている奴がいるなー』と聞こえてきた。私が『はーい！』と言ったら、私の声は聞こえなかったろうけど、家族に向かって『そいつを応接間へ寄越せ！』と言うんですよ。

その時は一人でなんやかやと聞いて、社に帰ってから松岡に会ってきたと言うと、『それは、何でもいいから記事を書け』ということで、とにかく聞いた通りに書いて夕刊の四分の一くらいを占める記事になったんですよ。

縮刷版で見てみると、いろんなことを言っているが、わかるようでわからない。松岡さん自身が何をどうすればいいかわからないんだから。断片的にあっちに行ったりこっちに行ったり、私も特別な勉強をしていないものだから、結局彼が言ったとおりのことを書いただけだけど、今となってはそれがその時の外交の正直な姿だったとなるわけです。

まあ他の記者があきらめて帰ると、お前は熱心だからインタビューを受けてやるというような感じで、ありがたいと思いながらも、いま記事を読んでみて、もっと何かが書けそうなのに、そういうことが書いていない。

そのあたりも当時の日本の外交面を表していたのかなあという気がしてね」

この取材は結果的には空振りであった。むのの話も歯切れが悪い。記事を書くのに困ったようだ。新聞の見出しは「わしの心は虚だ、空だ」とある。

続いて〝なに、わしの感情を聞きたいというのか、虚だ、空だよ。虚なればこそものが出てくる。ものが詰まっていると何も出てこない。なに、独ソ開戦でびっくりしたかって？　びっくりするほうがどうかしてるよ〟とはぐらかされている。

独ソ開戦に、松岡は今後の世界大戦の推移や、日本の行く末に不安のあまり、なす術を失っていたのではないだろうか。能弁な松岡だが、どんな質問にもまっすぐ答えなかったと思う。心情的に国際情勢をすり替えて、虚や空という言葉となっているようだ。記事では、庭の話などが続いている。松岡は、日独伊三国同盟でアメリカと対抗しようと考えてきた外交官だった。そこにソ連を加えて構図が完成したと思えた直後の崩壊だった。松岡は政府内で信望を失う。

むのが松岡に会って約一週間後の七月二日、御前会議が開かれ、開戦への決断も問われた。御前会議では、「情勢の推移に伴う帝国国策要綱」が決定され、「対ソ戦準備・南進のため対米英戦を辞さず」が明文化されている。残された戦争回避の道は日米交渉だったが、戦争なのか和平なのかといった本音は隠され、情報は何も開示されていない時代である。戦争は秘密裏に進められていく。情報を求めて敵に食らいついていくのが記者魂だが、アメリカに強硬な松岡を除くため、近衛内閣は総辞職をして、アメリカとの交渉継続を図ろうとしている。松岡にも語る術がなかったのである。むのは後に、当時を回顧して忸怩《じくじ》たる思いを書いている。

例えば、ドイツの大軍が独ソ不可侵条約を踏みにじってソ連領へ侵入（昭和十六年六月二十二日）した翌朝、外相松岡洋右と対談したときのことである。その年の三月から四月にかけてヨーロッパに出かけた松岡はヒトラー、ムソリーニと会見して防共枢軸の強化を策し、さらにその帰途モスクワでスターリンと日ソ中立条約を結び、世界地図かきかえのプロモーターを自認していた。独ソ開戦はその松岡の世界情勢認識に重大な錯誤のあったことを暴露した。政界の眼はいっせいに松岡に注がれようとしていた。その松岡と千駄ケ谷の私邸で二時間余も膝づめでその心境を叩くことができたのはホット・ニュースであった。その日の朝日夕刊は、じじつこの記事を相当派手にトップから流して扱った。そうであったのに、対談した当の記者はこのとき松岡が何を語ったのであったか、彼の言葉をほとんど思い出すことができない。そのくせ壁にかけられていた軸の文字が「西吹けば東にたまる落ち葉かな」の一句であったことは、前後との脈絡なしにポツンと鮮やかに思い出すことができる、というぐあいである。時代の流れと、おのれ自身の生存と、どこにも接点がなかったせいであろうか。

(『たいまつ十六年』)

斎藤隆夫の反軍演説

むのに密着する中で、心の根底にある強い熱を感じたのが、一九四〇年(昭和一五)二月の斎藤隆夫(立憲民政党議員)の国会質問、いわゆる反軍演説の取材経験である。この国会質問は、これ以降は軍の独裁に歯止めがかからなくなり、太平洋戦争に至る転換点として大きな意味を持っている。むのたけじは記者席でそのすべてを目撃し、身震いしながら記者としてできることは何でもやろうと心に決めた。七五年前を現在に呼び戻そうと考え、改めて斎藤隆夫の反軍演説のテープを再生した。むのはそれを聞きながら興奮して叫んだ。

「斎藤隆夫だ！　ははは！　ああ！　七五年前のことだけれど、身体の血が沸いてくるね……」

そういって両手で胸をかきむしるような仕草をした。音を聞いた瞬間に当時の国会記者席に座るむのたけじがよみがえった。

「斎藤隆夫が軍部相手に真っ向から質問するっていうのは、前々から評判になっておった。記者仲間のあいだでは注目しておったけれど、あのじいちゃん、身長一五〇センチぐらいのね、俺と似たようなじいちゃんで、おまけに普段はそう元気でもなく、喋るのももそもそしていたんだけど、台に上がったらこんなふうに演説した。

もう四方八方から愛国に反するとわあわあ怒鳴る議員の声があったけど、それもかまわず命がけでやっているんだな。だけど、一番残念なのは、そういう命がけの国家に対する諫《いさ》めがあっても、それを支える力が湧いてこないんだ。新聞もちょっとした記事ぐらい書いたって軍部には立ち向かえない。除名決議だとなったとき、はっきり反対した議員は八人。そして、残りは議会を欠席して、結局斎藤さんはおっぽりだされてしまった。

こっちは新聞記者になって五年目で、ようやく社会が見えてきた頃で、なんとも……。

しかし、これだけ思い切って、国家を憂いて忠告する人がいても、それが国会の外の国民とはつながらないでしょ。国会内部だけでわあわあっとなって、除名決議。新聞記者も新聞社自体も何もできない。なんとも言いようのない気持ちでした」

むのたけじが繰り返し語る、「やるなら死にもの狂い、命がけ」。それを実践するような国会演説が戦争直前の歴史の中に実在した。全体主義の空気が日本を支配していたこの時期に、臆せず堂々と正論を唱えた勇気がむのを感激させ、その後の生きかたの指針となった。この国会で斎藤隆夫はなにを訴えたのだろうか、そのさわりである。

「支那事変が勃発しましてからすでに二年有半を過ぎまして、内外の情勢はますます重大を加えているのであります。このときに当りまして一月十四日、しかも議会開会後におきまして、阿部内閣が辞職して、現内閣が成立し、組閣二週間の後において初めてこの議会に臨まることに相成ったのであります。（略）

米内首相は組閣そうそう天下に向って、現内閣の政策を発表せられたのでありまして、我々は新聞紙を通じてこれを承知致しておるのであります。しかしその政策と称するものは、ただわずかに題目を並べたに過ぎないのでありまして、諸般の政策はこの帝国議会において陳述すると付け加えてあります。それ故に昨日のご演説を拝聴致したのでありまするが、相変らず抽象的の大要に過ぎないのでありまして、これによって、国政に対する現内閣の抱負経綸を知ることはもちろん出来ない。（略）

この中の中心問題でありまするところの支那事変の処理、これについて私の卑見を述べつつ主として総理大臣のご意見を求めてみたいのであります。

支那事変の処理は申すまでもなく非常に重大なる問題であります。今日我国の政治問題としてこれ以上重大なるところの問題はない。（略）一体支那事変はどうなるものであるか、いつ済むのであるか、いつまで続くものであるか、政府は支那事変を処理すると声明しているが如何にこれを処理せんとするのであるか。国民は聴かんと欲して聴くことが出来ず、この議会を通じて聴くことが出来得ると期待せない者は恐らく一人もないであろうと思う。（略）

そこでまず第一に我々が支那事変の処理を考うるに当りましては、寸時も忘れてならぬものがあるのであります。（略）過去二年有半の長きに亘って我が国家国民が払いたるところの絶大なる犠牲であるのであります。即ちこの間におきまして我が国民が払いたるところの犠牲、即ち遠くは海を越えてかの地に転戦するところの百万、二百万の将兵諸士を初めとして、近くはこれを後援するところの国民が払いたる生命、自由、財産その他一切の犠牲は、この壇上におきまして如何なる人の口舌をもってするも、その万分の一をも尽すことは出来ないのであります。（拍手）（略）

次に事変処理については東亜の新秩序建設ということが繰り返されております。この言葉は昨日以来この議場においてもどれだけ繰り返されているか分らない。元来この言葉は事変の初めにはなかったのでありますが、事変後約一年半の後、即ち一昨年十一月三日近衛内閣の声明によって初めて現われたところの言葉であるのであります。東亜の新秩序建設ということはどういうことであるか。

（以下官報速記録より削除せられたる部分）

私はこれより一歩を進めまして少し私の議論を交えつつ政府の所信を聴いてみたい。政府においてはこういうことを言われるに相違ない。また歴代の政府も言うている。何であるか。このたびの戦争はこれまでの戦争と全く性質が違うのである。このたびの戦争に当っては、政府はあくまでも所謂《いわゆる》小乗的見地を離れて、大乗的の見地に立って、大所高所よりこの東亜の形勢を達観している。そうして何ごとも道義的基礎の上に立って国際正義を楯とし、所謂八紘一宇の精神をもって東洋永遠の平和、ひいて世界の平和を確立するがために戦っているのである、故に眼前の利益などは少しも顧みるところではない。これが即ち聖戦である。神聖なるところの戦いであるという所以である。
かような考えを持っておらるるか分らない。現に近衛声明の中には確かにこの意味が現われおるのであります。その言はまことに壮大である。その理想は高遠であります。しかしながらかくのごとき高遠なる理想が、過去現在及び将来国家競争の実際と一致するものであるか否やということについては、退いて考えねばならぬのであります。（拍手）いやしくも国家の運命を担うて立つところの実際政治家たる者は、ただいたずらに理想に囚わるることなく、国家競争の現実に即して国策を立つるにあらざれば、国家の将来を誤ることがあるのであります。（拍手）
現実に即せざるところの国策は真の国策にあらずして、一種の空想であります、まず第一に東洋永遠の平和、世界永遠の平和、これは望ましきことではありまするが、実際これが実現するものであるか否やということについては、お互いに考えねばならぬことである。古来いずれの時代におきましても平和論や平和運動の止むことはない。宗教家は申すに及ばず、各国の政治家らも口を開けば世界の平和を唱える。また平和論の前には何人といえども真正面からして反対は出来ないのであります。しかしながら世界の平和などが実際得られるものであるか、これはなかなか難しいことであります。（略）ただいたずらに聖戦の美名に隠れて、国民的犠牲を閑却し、曰く国際正義、曰く道義外交、曰く共存共栄、曰く世界の平和、かくのごとき雲を摑むような文字を列《なら》べ立てて、そうして千載一遇の機会を逸し、国家百年の大計を誤るようなことがありましたならば、現在の政治家は死してもその罪を滅ぼすことは出来ない」

牙をむいた「ネズミの殿様」

——演説を聴いてむのさんの気持ちはどうでしたか？

「要するに、命がけで国家に忠告しているこの人を皆で支えることがどうしてできないのか、残念だという思いはありましたね。自分で情けないなと思った、そのときは。記事はいろいろ書いたんだったね」

——その後は新聞の論調は、議事録の削除とか、議長がとめないのが悪いとか、そんな話が続きますね。

「それは、国会議員たちが、軍部におもねるんです。当時の保守系は政友会、民政党、それに対して（革新系は）社会大衆党があるんだけど、国会内部の軍国主義の肩を持つ側と対等に戦うような状況じゃないんですよ。それでああいうヤジ、怒号が出たわけでね。

それが国会の外の国民と直《じか》につながったらどうなるのか、それをやるのが新聞のはずだが、そこが閉ざされているというのがね。私は戦争に対して賛成していなかっただけに、とにかく戦争は早くおさめて詫びるものは詫びなきゃいかんという思いだったから、斎藤さんの立場に若い情熱をこめて味方してはいるんだけど、何もできないもんね」

――でも、むのさんは粘って演説後に何本も記事を書かれていますね。翌日の記事の見出しは「斎藤氏の舌禍《ぜっか》波紋速記録、議長権限削除」となっていますね。

「そういうことです。要するに斎藤発言を否定して消すことに動いてくるわけです。斎藤さんの主張を肯定すれば、すでに昭和六年から満州事変という呼び名で始まった中国に対する軍事行動をすべて否定することだもの。

斎藤さんは、戦争は災いしかもたらさないと言った。ところが、軍部は戦争をやらなきゃ日本は生き返らないと。中国の領土の一部をとって、農村青年を開拓にやらなきゃ日本は生きていけないというようなことを言っていた時ですから、軍部とすれば、斎藤発言を肯定するわけにはいかないでしょう」

――むのさんはその後、斎藤氏をつかまえようとしたようですね？

「そうです。議員宿舎を出て、どこかへ住まいを移されたりして、なかなかつかまらなかった。国会では会えませんから。

生まれ故郷へお帰りになって、静かに穏やかな日を送りながら、いろんな感想を記したものが地元に残されているようです。ただ、立派と思うのは、斎藤さんは自分が普通の人のやれないようなことをやったと誇らしげに言うようなことは全くないですね。要するに自分は命がけでやったんだけど、それを通すことはできなかった。自分の無力を詫びるという、とても謙虚な形でね。だから、自分の姿を消すような、人に会うのも好まなかったんじゃないですか」

――一九四〇年二月一九日、むのさんは日本クラブで斎藤さんにインタビューしていますね。斎藤さんが「今のままでは世は闇だ」と話したと書いています。記事の最後は「まだ大丈夫。――俺はどこまでも食らいついてく」牙をむいたネズミの殿様と書いています。むのさんが工夫した記事ですね。

「そういう言葉を伝えるぐらいしか協力できないじゃないですか。でもよく当時の新聞でそれ出したな。『ネズミの殿様』っていうあだ名があったの、背が小さくて……本当はもっと堂々と軍部を相手に新聞自体が戦わないといけないでしょうが、それができかねる状態に急速に動いていましたもんね。

結局それからは大政翼賛会にいくわけです。そしてもっとも酷いことは、近衛文麿が日本の軍事行動を〝神聖な戦い〟『聖戦』と名づけたわけです。

最後まで後悔しておったそうです。そのような言い方をしてしまったために、詫びることは詫びて、中国と戦争を途中でやめるために交渉が全然できなくなっちゃったんでしょ。しかも、中国では国民党と共産党の軍隊が合体するような中で、どうしても蔣介石と話しをしなければいけなかったのが、戦争を最高の言葉で褒め称えるようなことをやっちゃったものですし、天皇制ともからんで、にっちもさっちもいかなくなっちゃったんですね」

「朝鮮民族、中国民族は他人じゃない」

斎藤隆夫による反軍演説の一部が速記録から削除された最大の理由は、聖戦を批判し、たとえば「曰く国際正義、曰く道義外交、曰く共存共栄、曰く世界の平和」といった政府の言う美辞麗句のまやかしを指摘したことだった。

近衛内閣時代に主張された戦争遂行の論理とは、「何ごとも道義的基礎の上に立って国際正義を楯とし、所謂八紘一宇の精神をもって東洋永遠の平和、ひいて世界の平和を確立するがために戦っているのである、故に眼前の利益などは少しも顧みるところではない。これが即ち聖戦である」。

聖戦は絶対であるから、それに反するものは許されない。政党は解散し、大政翼賛会に一本化されて後戻りができない時代が始まった。斎藤隆夫がこの国会で日本兵とその家族の犠牲について言及したが、忘れてはならない事実は、日本軍が中国人にもたらした戦死者や負傷者の存在である。中国政府の発表では、民間人を含めて一〇〇〇万人以上の犠牲者が出たとするが、その数は戦後七〇年以上たっても、さまざまな議論が続き、正確な数字が定まっていない。

中国やアジアで何が行われたのか、むのたけじは、別の講演会で若い世代に話している。「戦場に行って日本人は何をやったか。中国で戦後に戦争犯罪で起訴されていた日本人が、一〇〇〇名を超えていたんです。それを、毛沢東と周恩来がその日本人を処刑してしまえば、おそらく何百年も中国と日本の友好は成り立たないだろうと、全員を無罪で解放して帰しましたね。その記念館が埼玉にあって、中帰連平和記念館として民間でのさまざまな平和活動をやっており、私も会員の一人です。中国と本気でやるならこれからじゃありませんか？

お互いの本音で、こうしよう、ああしよう。私個人は、朝鮮民族、中国民族は他人じゃないと思います。隣の国で何千年、何万年も昔から付き合ってきた仲間です。

この中では、韓国へ旅行なさった方もいるでしょう。私も妻と参りました。一週間の旅でしたが、全く自分の家に行ったような気分でした、身体をこわしていたときでしたが、心配してくれました。確かに物の考え方、しくみ、違いはありますけれども、すぐ隣近所の仲間。ここと仲良くするために、我々は譲り合うことがあるなら、どんな譲り合いでもして、民衆同士の生と生の力でぶつかり合いながら、しっかりと手を握り合う状態を作っていくべきではありませんか？」

その後、斎藤隆夫は除名処分を受けたが、その翌年の翼賛選挙では、非推薦ながら兵庫県五区から最高点で再当選を果たし、衆議院議員に返り咲いた。戦争が終わり、一九四五年（昭和二〇年）九月には、新政党・日本進歩党の創立に向けて動いている。新党結成に対してこのような発言をしている。

「我々は戦争に敗けた。敗けたに相違ない。併《しか》し戦争に敗けて、領土を失い軍備を撤廃し賠償を課せられ其の他幾多の制裁を加えらるるとも、是《これ》が為に国家は滅ぶものではない。人間の生命は短いが、国家の生命は長い。若《も》し万一、此の敗戦に拠って国民が失望落胆して気力を喪失したる時には、其の時こそ国家の滅ぶる時である。それ故に日本国民は、茲《ここ》に留意し新たに勇気を取り直して、旧日本に別れを告ぐると同時に、新日本の建設に向って邁進せねばならぬ」

斎藤隆夫は、その後吉田、片山内閣で国務大臣をつとめ、一九四九年（昭和二四年）に世を去る。享年八〇歳であった。

第四章

八月一五日のこと

昭和天皇の「玉音放送」を聞き、皇居前の玉砂利に伏して国体護持を祈念する人々（写真・共同通信社）

「朝日退社は間違いだった」

むのたけじはわかりやすいひとつの決まり文句で形容されてきた。敗戦を機に戦争責任をとって朝日新聞を去った「反骨のジャーナリスト」というものである。

一人の新聞記者でありながら、国が遂行した戦争の責任をとったという事実に改めて驚かされる。それは日本が愚かで無謀な戦争を続けながら、その結果については明確には誰も責任をとらなかったという事実と強烈なコントラストをなしている。

映画『笑う101歳×2』のもう一人の主役である、日本初の女性報道写真家・笹本恒子も、よくぞ私たちの気持ちを代弁して、あのような行動をとってくれたと話す。

私は戦争へのけじめのつけ方と同時に、明日をも知れぬ時代に職を捨てて無収入になる道を選択した勇気にも感動する。むのたけじは、八月一五日に組織を離れて生きる道を模索した。そこからも変節とか転向とか、日本のインテリ層にありがちなことはなく、ひたすら初めから言ったことをひたむきにやって生きてきた。

一九四八年（昭和二三年）、故郷である秋田・横手に帰り、地方紙「たいまつ新聞」を始めた。日本人はいまだにあの戦争を清算しきれないまま、責任の所在があいまいでモヤモヤしながら今日まで来てしまった。その意味で、むのたけじは伝説となった。では当の本人はどう考えていたのか、その本音とはいかなるものだったか。新聞社がポツダム宣言受諾を知ったのは数日前のことである。

「スターリンやチャーチルやらトルーマンがポツダムに集まって、日本へ無条件降伏を通告します。それを鈴木貫太郎内閣は受けざるを得ないだろう、日本には、直前に原爆を使っていますから、とても戦えないはずだと踏んでいました。

昭和二〇年八月一〇日、日本政府はスイスを通してポツダム宣言を受けることを検討していますが、日本は連合国側に一つだけ質問した。それは、天皇制は続きますか、というものだった。日本政府にとって国民はどこに行ったのか。

そうしたら、天皇制を続けるか続けないかは、あなたがた日本人がこれから考えることでしょうという返事が来た。その返事を受け取った大本営は二つに割れた。この返事だと天皇制は続く、いやダメだ、ここで争った。その後八月一二日の午後二時頃に、どうやらポツダム宣言を受諾して、無条件降伏するらしいというのがわかるわけです。

その時、勇気のある新聞が一社でもいい、日本はポツダム宣言を受け入れたと一三日に出してご覧なさい。憲兵は新聞社に火をつけたかも知れないけど、民衆は安心したんじゃないですか。

しかし、どこもやらなかった。朝日新聞は何をやったか。この状況をどう捉えるかを、社長以下が方針を決めて、社はこうしますがどうでしょうと相談するべきでしょ。何もやらないもの。ヒラ記者たちに、今後どうするかあなたがたで相談しなさいって。そういう状態だった。責任を持つべき人が放棄して、下っ端にかぶせる。

だから部会をやったんだけど、何も決めようがない。

結局、やがて連合軍が来る。八月一五日に天皇の玉音放送で国民に伝えるというのはわかった。問題はそこです。無条件降伏が実質決まっていながら、一三日、一四日、一五日と『撃ちてし止まん』という新聞を作っていたんだから。そういう嘘つき新聞を出しながら、これからどうやるかって言ったって、誰も声は出ない。私はこのままではだめだと言ったが、辞めたら飯は食えない。誰も何も言わない。『むのくんはおかしい』と非難する者もいない。

『むのくんの言うとおりだと思うけど、失業者にはなりたくないから辞めない』と言った人が一人だけいた。他は黙っていた。いよいよ一五日の放送のあと、星条旗が揚がっても新聞社に来るのか自問自答した。そこで一四日には、明日からここには来ません。さようなら、と言って帰った。退職金もゼロだった。でも、日本中で辞めたのは俺だけだったな。何万人もの新聞人がいたのに」

しかし、むのは折りにふれて単身で朝日新聞を辞めたことは正しい選択ではなかったと語ってきた。そこに伝説との距離がある。正式に辞表も出さず、一五日から出社しなくなったという一身上の見過ごされそうな出来事が、時間が経つにつれて大きな意味を持つようになっていった。

「（朝日退社は）間違いだったと思っている。ならば何をやればよかったか。それは、それまで書けなかった戦争の真実を読者に伝え続けることでしょう。戦後六〇年の節目に琉球新報の『沖縄戦新聞』がそれをやった。実は沖縄戦の実態はこうだったと、一四回続けて出したものでした。

朝日新聞もそれを（終戦の）八月一五日から始めればよかった。それをやれば、全新聞社も賛成したな。これから何年もかけて、戦争の時に本当の状況は伝えられなかったけど、本当はこうだった、二度とこういうことをしないようにしましょう、という新聞を出そうといったら、朝日新聞でも反対者は一人もいなかったと思う。それだけの可能性があったのに、それを私も思いつかなかった。誤ったときにはきちんと原因を質して償いをする、そういう国民道徳が日本人の臍《へそ》にあれば、そういう声がジャーナリズムの中から出てくるハズでしょ。それが一人も出てこなかった。だから、私は何も（朝日を）辞めたからえらいとは思っていない。屈辱だと思っている」

一人の記者が話した本心

改めてむのに朝日退社のことを聞いてみた。

——むのさん、でもどうして八月一五日に辞めざるを得なかったんですか？

「面倒なことは何も考えなかった。辞めるのは当然だと思って、ふっと決めた。ああだこうだ考えない。ただ、それをあなたが質問するから答えると、八月一五日に朝日に残って私が記事を書いたらどういうふうになるのか。

おそらく朝日の日の丸は星条旗に変わるかもしれん。しかも場所は同じでしょ、印刷、活字は同じ、紙も継続して使われる。それで全く別の日本の歴史を報道するのはおかしいじゃないの。ここで踏みとどまっても、自分が何をやれるかわからなかった。そんな状態で、俺が朝日で新聞記者を続けるのは許されない。朝日も許さないはずだと思ったから……。

——辞めることにためらいはなかったんですか。

「物事にはけじめをつけなければ人間は生きていけないと、ただそれだけでした。そのときに誰もおかしいと言わないのもまた問題なんだけども、黙っていた。一人だけ『僕もむのくんと気持ちは同じだけど、失業したくないから辞めない』といった記者がいた。『むのくんは僕をバカだというだろう』。

私はとんでもないといったな。そんなことをいう資格は俺にはない。失業できないから、妻子のために仕事を続けたその記者だけが人前で言えない本心をいった。

俺は『自分が許せないから、明日から来ません』といっただけで、辞表も何も書いていないの。朝日新聞に入るときも、履歴書も何も書かなかった。社会部長と会って、お前が欲しいから、明日から来い。で、月給今いくらというから、報知でこれだけもらっていますといったら、それにもう千円足してやろうといわれた。だから同じ年に入った人より、給料が上になっちゃった。同僚には随分からかわれましたが。ま、そんなもんです」

新聞社を辞めた頃の様子を、妻の美江さんが語る二〇〇三年の映像が秋田放送に残っていた。むのは、詫びるわけでもなく、辞めてきたと妻に一言いった。

「前々からそう言っていましたから。本当はびっくりしました。普通なら子どもがいて何としてもまんま食うも、なんもなしに辞めてきたと言うので。新聞社の中では新聞社の意向に逆らうことはできないでしょ。私がどうのこうの言う立場じゃありませんしね。

それから大変な時代でしたね。困ることは困ったけど、売りぬいたね。いらないものから順々にね。あちこちから友だちが来るんです。居候で何日も何十日も、私が全然食べないと、どうして奥さんはご飯食べないのですかなんて聞きました。後でいただきますと言って、サツマイモの一切れ、二切れで済ませました。

みんな困っている人でしょ。出るときには衣服整えてあげました。ずいぶん忙しかったですよ。それでも、やりたいことをやればいいじゃないですか」

新聞の使命とは何か

その時々に才覚を発揮して遊軍記者らしい記事を書いて、自己実現してきたように思えるむのだが、送り手の側だけから見ても新聞はわからない。では、むのが考える新聞の使命と可能性はどこにあるのだろうか。

「たとえば新聞では、爆撃されて被害が大きいのに、国が『軽微ナリ』なんて発表しているのを載せているわけでしょ。嘘の記事を載せているわけだけど、そういう記事をやっぱり、読者の側はまっすぐに受け止めて、新聞社がどういう状況でこれを載せているかも想像しておった。真実と違う新聞を作って読者に売っていたわけだから、取材のたびにそこに集まっている民衆から、『あの記事はおかしいんじゃないか』と非難されるとか、もっと言うなら、『嘘つき新聞帰れ！』と言われるはずでしょ。それを気にしていろいろな人と話してみたが、そういう目に遭った新聞記者は一人もいなかった。逆に、『新聞社も大変ですね』というような、いたわりを受けていた。しかし、それを新聞側がどう受け止めていたのかを問題にしたことがないですね。

もっとも大事なことは、民衆側は新聞をどう思っていたのかということですね。

あの時代だからこそ、皆が新聞に期待しておった。それはなぜか。当時の朝日新聞は東京、名古屋、北九州、大阪の四つで出しておった。そして、紙面が少ないものだから、投書は一通しか載らなかった。そこに何通投書が来たと思います？　全国で一日四通しか載らないから、三〇日で一二〇通でしょ。そこに何通来たか。

四通しか載らないから、大部分がオミットされる。朝日新聞の幹部がそれではもったいないから、載せられなかった投書をもう一回読んで、毎週土曜日に五〜一〇通特集欄を組んでやろうといった。それだけ投書する人が多かったんです。

全国で、毎月少なくとも一八〇〇通。多いときには三〇〇〇通も来るんです。それは何を意味するか。載らなくてもいいから、私はこういうことを思っていると伝えたい人がたくさんいた。こういう人間がいる、こういう出来事があったと新聞社に知ってほしいと。読者から、新聞に向かってラブレターを書き続けていたのよ。新聞がそれを受け止めきれなかった。

それで、緒方竹虎という、日本の良心といわれた朝日の記者が、昭和二六年六月に、新聞協会で戦争当時の反省の弁を講演した。そのときに、すべての新聞とはいわないが、朝日と毎日だけでも、腹を決めて軍部に忠告すれば、あそこまでいかずに戦争を止められたと言っている。でも、それは違う、読者を信用すればよかったって思うんです。

なぜなら、二・二六事件の時に決起将校たちは朝日新聞社の建物に入ったでしょ。国務大臣を殺した連中ですよ。血のついた刀を持って朝日に入ったら一〇〇人近い人がいる。そこに入っていって刀を振り回したりはせず、一人も傷つけられなかった。活字のケースをひっくり返して、引き揚げた。それはなぜか。新聞記者を傷つければ読者が怒る。読者が怒ればどうなるか。軍隊は、徴兵に応じて人々が兵隊を出さなくなるという恐れを持っていた。そこに気づけばよかったの。

だから、本当に読者を信用すれば、状況は変えることはできる。それを、新聞社の方では読者をお客様とみておった。本当に国民に向かって、誠意をこめて、これでいいのかという社説を書いたことはあまりないいな」

琉球新報の「沖縄戦新聞」

むのが終戦後に秋田県横手へ帰り、創刊した「たいまつ新聞」にこの考え方はつながっていった。民衆の中に入り、民衆とともに作る新聞というイメージである。紙面は新聞社だけが送り手として作るのではなく、受け手の読者との共同作業の中から生まれてくる。

戦時中でも三つの軸があった。発行する新聞社、それを国策に反しないかとチェックする国家権力、自分たちの幸福と平和を希求する民衆。むのたけじは、どこかで読者との連帯を作り出せれば言論を守ることができると考え始めていた。「たいまつ新聞」のキャッチフレーズに、「あなたは自由を守れ。新聞はあなたを守る。」の言葉も書かれた。その考えはそのまま現代にもつながる。その可能性を感じた新聞がある。

一九九八年（平成一〇年）二月、むのたけじは秋田、羽田、那覇と飛行機を乗り継いで初めて沖縄の土を踏んだ。当時八三歳であった。むのを招いたのは琉球新報社の労働組合だった。琉球新報の労働組合は一九五八年に発足しこの四〇年間でさまざまな闘争を経験している。その四〇年の節目にむのたけじが呼ばれたのだ。

組合活動をしていた山里盛智記者が電話で講演を依頼すると、むのは「私を先生と呼ぶな」と注意し、私のような爺でよければ受けるとビンビン響く声で答えたという。山里は受話器を通してそのエネルギーに圧倒された。

新聞の三つの軸でいえば、沖縄は返還前の粘り強い闘いや、基地をめぐる民衆側の強い抵抗運動が存在し、日本でも生き生きと新聞が民衆とともにある土地である。

憧れのむのさんがやってきた。南の辺ぴな、基地だらけの島にやってきた。憧れていたのはぼくだけではなかった。結構ミーハーな同僚もいて、数日前、いや琉球新報労組四十周年記念式典のポスターを張り出した時から「ほんとうに来てくれるの？」との問い合わせが相次いだ。

十四時すぎ、おみえになったの連絡に急ぎ五階の組合事務所に飛び込むと、ソファーにチョコンと座るジッちゃまの後ろ姿。僕の足音で、バネ仕掛け人形のようにピョコンと立ち上がる。元気印のジッちゃまだ。息も整わないうちに名乗りを上げ、お決まりの?·名刺交換をしてしまった。

やや薄くなった（八十三歳だから）白髪を総髪風に後ろで束ねる。まるで武士だ。エラの張ったあごは、たいまつで展開される激しさを感じさせる。が、笑った目は、何とも言えない安心感を与える（『今伝えたいこと』山里盛智編）

講演は二時間を超えたが、むのは立ちっぱなしで水も飲まなかった。準備したマイクも使わずどんどん喋っていった。烈々たる気迫に会場は水を打ったように静まりかえったという。

「私は戦争が終わってから『たいまつ』という週刊新聞を出した。何が自分の役に立ったか。それはやはり一人の読者を獲得することが、どれだけ難儀なことかを身をもって知ったことだ。一人の読者から数十円の紙代を受け取るときのぬくもり。これがどれだけありがたいものか。この経験が物書きとしての私を絶えず戒め、励ましているのだと思う」

偶然であるが、琉球新報労働組合の機関誌の名前は「たいまつ」である。

この講演の縁は続き、二〇〇四年（平成一六年）にもむのは沖縄を再訪して若い記者と報道のあり方について議論を重ねた。八月一五日に朝日新聞を辞めるのではなく、戦争中には書けなかった戦争の事実を伝える紙面を作るべきだったという思いをその場でも語った。

その翌年、琉球新報は社を挙げて特別企画「沖縄戦新聞」を一四回にわたって発行した。記者が昭和二〇年にさかのぼって当時の報道を検証し、新たな事実、証言を発掘して六〇年後に再構成したものだった。

過去を現代に結ぶ工夫が凝らされ、第一回は「サイパン陥落」の七月七日に発行された。以来、米軍は軍備を整えて北上し、沖縄を目指す。第二回は学童疎開の「対馬丸沈没」を当日の八月二二日に発行。大本営の楽観的な戦況分析とは対極の、冷徹な戦争の事実が読者に伝わってくる。米軍の本島上陸の四月一日、伊江《いえ》島占領の四月二一日、第三二軍の総攻撃失敗の五月五日、首里《しゅり》放棄の五月二七日、牛島司令官の自決による事実上の終結が六月二三日号。民間人九万四〇〇〇人を含めて戦没者が二〇万人を超えた沖縄戦をリアルに伝える企画だった。客観的事実を見ていけば最初から結果は明らかだったが、言論統制の戦時下では伝えられなかった沖縄戦の全体像が見事に浮彫りにされている。まさにむのが戦争が終わった時点で新聞社がやるべきと考えてきた企画である。山里はむのに電話し、新聞協会賞をとったと報告し、談話をとろうとした。

「衝撃だった！　こん棒で頭をたたかれた気分だ。俺が八月一五日に会社を辞めたことを皆は美化していた。あのとき朝日に残って、あの戦争は何だったのか検証する企画をやっていれば、今のような世の中になっていなかったんだ」

非常に悔しそうに話した。山里はどうも余計なことを言ったかもしれないと思った。むのたけじは琉球新報に胸がすくような一本を取られた。

のたけじは心から新聞を愛していた。新聞の使命と可能性を最後まで信じていた。その結果の八月一五日の行動である。戦中にはなかった言論の自由が今の日本には保障されている。その保障に基づいて現代のメディアは政治の介入にどう抵抗するのかもむのが問い続けたことである。講演会でメディア志望の高校生にこう語っている。

「新聞、テレビ、出版、雑誌、ニュース、映画。今のメディア産業に何を求めますかという質問ですが、まず頭のてっぺんから足の先まで洗い直して、全部作り替えろと言います。残念ながら、このままでは過去と同じ過ちを繰り返すばかり。それはなんなのか。読者や視聴者をお客さん扱いせず、一般の当たり前にご飯食べている民衆をメディアの仲間として、その人々とともに、新聞・ニュースを社会に提供するという気持ちになれば、今とは変わったものに、きっとなります」

第五章

たいまつ新聞三〇年

故郷である秋田県横手市で週刊新聞「たいまつ」を刊行していた頃（撮影・木村伊兵衛）

「たいまつ」創刊の契機となった二・一ゼネスト

むのたけじの戦後は、故郷秋田の横手市で発行した週刊新聞から始まる。

敗戦の日から「たいまつ新聞」発行までは、むのたけじの人生の中で初めての惑いの多い時間だった。妻子がありながら、戦後の混乱の中で失業したむのは案外呑気だった。彼は自分の思うことを気がねなく試みている。生活は妻がタケノコ生活で支えた。手持ちの家財道具や衣料品などをその都度売って食い扶持をまかなった。むのも蔵書を神田の古本街に運んで売りながら飯の種にしていたようだ。

一九四七年（昭和二二年）秋に、生まれた娘に「あじあ」と名づけた。あくまでも前向きにむのは民主主義の新生日本を信じ、まず労働運動に加わろうとした。次に創刊されるリベラルな新聞に期待もした。しかし、戦後の道筋は不透明で、日本が過去を清算して生まれ変わるとは思えず、すべて挫折した。そこでできることといえば天職の新聞記者だ。その思いが定まったのは、連合軍がゼネラルストライキの突入前日になって中止命令を出したときである。

「昭和二二年一月の末。私は浦和に住んでいました。日本の労働者が政府に対して、これじゃあ、まんまを食えないから政策を変えろという要求を引き下げて、明治以来一度もやったことのない総ゼネラル・全員ストライキを初めてやりかけたときに、連合軍が命令を出してぶっつぶした。

それから三ヵ月経てば、日本国憲法が施行されるというときです。憲法の中には労働者の権利から人権尊重、あらゆる近代国家のヒューマニズム・デモクラシーの原則がちりばめられているにもかかわらず、その憲法を成立させるために一番力を尽くしたはずの連合軍がそれをぶっつぶすとは何事か。

ゼネストをしたら組織労働者は弾圧があるかもしれん。武器を作るわけにはいかんので、築地の本願寺に木の棒を持っていって、木刀作っていった人もいたそうです。それだけ日本中が緊張して、生まれて初めての六〇〇万人ストライキをやるって意気込んでいた。

その前日に、国鉄労組の伊井弥四郎委員長がNHKのラジオでゼネストを中止すると訴えた。それを聞いて、俺は共闘すると決めた。伊井は連合軍の下で『一歩退却、二歩前進、労働者農民ばんざい』と涙ながらに放送した。心が定まった。前から練っていたが、俺ができるのは新聞しかないから、秋田へ行って小型新聞を出し自分を作り替える。苦労しながら勉強するぞと叫んだ。

不思議なことにタイトルは『たいまつ』と決まった。用意できるお金は五万円くらいしかない。五万円で新聞社ができるわけがない。自分を燃やしてやるしかないという気持ちがあって、新聞のタイトルを『たいまつ』だと決意したんです」

——戦争が終わった直後には、新聞記者として生きるのではなく、なにか別の形で自分の戦後を始めようとされたのですね。

「そうです。新聞ではなくて、本当は社会運動に入るつもりだった。政党に入るなら社会党とか共産党だろうと考えて、仲間と一緒に社会党と共産党に行ったんです。

社会党の結党集会を見に行ったら、すぐにだめだとわかった。なぜならば、戦前の社会大衆党時代の人間がそのまま戦後の社会党のひな壇に座っていて、若い顔は一つもない。あれだけの歴史体験をしながら、青年が入らない社会党はだめだと。

その当時、我々が心を引かれたのはフランス共産党。なぜなら痛めつけられた民衆が困り切っていたから、政治より国民がなんとか飯を食えるような状態を作ろうというのがフランス共産党だったから。日本もこうなればいいと、日本共産党の幹部の部屋に行った。そしたら幹部が、『そいつ（フランス共産党のこと）はウルトラ左翼だ。日本では採用しない』と言われて、ここは俺が入るところじゃないと思った。昭和二一年のことです。で、どうしようか悶々としていたところに、二・一ゼネスト中止のニュースが流れたんです。これは根底からのやり直しだと思ったんです」

ラジオを聞いてむのは心の中でつぶやいた。それしかないと直感した。

いなかへ行こう、いなかへ。一切合切やり直しだ。日本はどん底から出直しだ。おれもどん底から出直しだ。段段の一番下のところから、日本が一歩一歩立派になっていく、そういう中で、自分も人間として少しでも高みにのぼっていく、そうありたい。それしかない。そうしよう……（『たいまつ十六年』）

家族の協力

むのは戦争が終わり、ずっと日本に渦巻いているものを、からだ全体で受け止めようとしてきた。街に出て歩き回り、多くの人たちにも会った。占領軍が進める民主化は本物なのかどうか。それを受け入れる日本人が変わらなければ絵に描いた餅に過ぎないではないか。その渦の中で自分は何ができるのか、何ができないのか。迷いに迷った。

そのうち、戦争が終われば、一夜にして新世界が始まるという夢から覚めた。新聞社でも政党でも、組織に過大な幻想はやっぱり持たない。自分の天職は自由なジャーナリストだと確信した。その形は週刊新聞がいいと思った。一人で取材して記事を書くには日刊は不可能だが、週刊なら購読者は一週間は手元に置いて読み直してくれるはずだと考えた。日本に週刊ジャーナリズムが根付く日が来ると直感した。

むのは決断したら行動は早い。楽天的だが自分の確信を貫こうとした。新生児を含めて妻美江（三五歳）、長男鋼策《こうさく》（九歳）、次女きらか（四歳）、三女あじあ（一歳）、むのたけじの五人家族が昭和二三年（一九四八年）一月一日に秋田県横手の駅に到着した。この元旦は、むのたけじ三三歳の誕生日前日だった。

物がない時代だから、東京から新聞を刷る仙花紙《せんかし》の包みを担いでやってきた。外から見たら東京から故郷へ疎開する家族のようだが、むのの胸は熱く志は純粋だった。家族がどのような表情で浦和から横手に来たのかは想像するしかないが、希望と不安と不思議な明るさが五人家族を包んでいたのではないか。そんな様子が目に浮かぶ。

その日からひと月後にたいまつ新聞第一号が創刊されたが、この無謀な新聞は家族全員の協力があってこそ成り立つものだった。横手に帰る決心をしたのには、郷里に二人の親友がいて協力を惜しまないと言ってくれたこともある。孤立無援ではないが、誰からも資金援助は受けなかった。

新聞発行を計画して事前に相談した相手が一人いた。横手中学校（現在の県立横手高等学校）の国語教師、石坂洋次郎である。最初にむのたけじの文才を認めて励ました恩師であった。教職をしながら書いた小説『若い人』がベストセラーになっている。むのは浦和の自宅から東京に移住していた石坂の自宅を訪ねた。当時は朝日新聞に連載小説『青い山脈』を執筆中の流行作家、玄関には面会は土曜日の午後一時から一時間に限る、と書いてあった。むのが訪ねたのは火曜日だったという。

「あらら、今日は駄目だがや。でもまぁ試しだと、玄関ガラッと開けた。『石坂先生のお宅ですか！　むのたけじという中学校時代の生徒です。先生に会いたくて来ました』って大きい声で言ったの。そしたら玄関の隣のすぐの所に、きれいな格子戸があって、誰かがいる。それが奥さんだったの。『あなたの生徒で、むのっていう子どもが来ましたよ。どうします？』するど、二階の方から『むの、上がってこい』だもの。

天下の人気作家が午後五時半ごろまで話相手になってくれた。横手へ帰って新聞やるつもりですって言ったら、『やめれ、やめれ！　横手へ帰ったってなんもならない。秋田の文化のないとこさ行ったって。新聞こさえたって半年も続かねぇだ。そう言ったっておめぇやめねぇべな』って。

一五年も横手で暮らした先生が文化の進まねえところで新聞作ったって、半年でつぶれるのに、なんでそんなバカなことやるんだ、三二にもなってと言った。

『そういっても、むのの性格だからやめねえべ、じゃあ原稿書いてやる』

昭和二二年の段階で二万円、五枚書けば一〇万円。東京の山の手の一軒家一〇万円で買えたもんな。それほど原稿料の高い先生になっていた。それが原稿料も何も払えねぇ、おれさに書いてやるからなって言ってくれたもんな……」

こうして一九四八年（昭和二三年）二月二日。春が始まる節分前夜に、タブロイド判二ページだての週刊新聞「たいまつ」一号が発行された。活字は六号、紙の入手も困難でその都度紙質が変わった。事務所は一軒家の二階二間に置かれ、戸別訪問売りで発行部数を伸ばそうと考えた。県内各地の駅売店にも置かれることが決まった。

石坂洋次郎の署名記事

この豆新聞には大新聞では報道されないような、自分たちの身のまわりに起こっている小さな何でもないと思えることも書こうと考えた。それが市町村、あるいは県の立場、もっと大きく国全体や世界の立場から見てどんな意味を持っているか、何も意味を持っていないのか、そこにパイプを通してみようと考えていた。

その日は大きな綿雪が、土地の言葉で「もっそもっそ」と降っていた。新しく生まれ変わろうとするむのたけじの戦後の歩みが始まった。

敗戦の日に朝日新聞を辞めたことだけでは伝説にならなかっただろう。そこから故郷の秋田県横手で誰にも知られず、論じられることもなく「週刊たいまつ」を出し続けたことが後に人々の心を揺さぶった。一人の人間が、信念をもって生きた姿勢にさわやかな感動がある。創刊当初、むのは「たいまつ」に楽天的な期待を持っていた。人々はこの新聞を喜んで受け入れると確信していた。特に期待したのは既存のメディアに失望した青年層である。青年は過去を批判し、未来をつくろうという時代感覚があるはずだ。

むのは胸を張って自分の母校の旧制横手中学の校門に新聞の束を持って立った。人口二

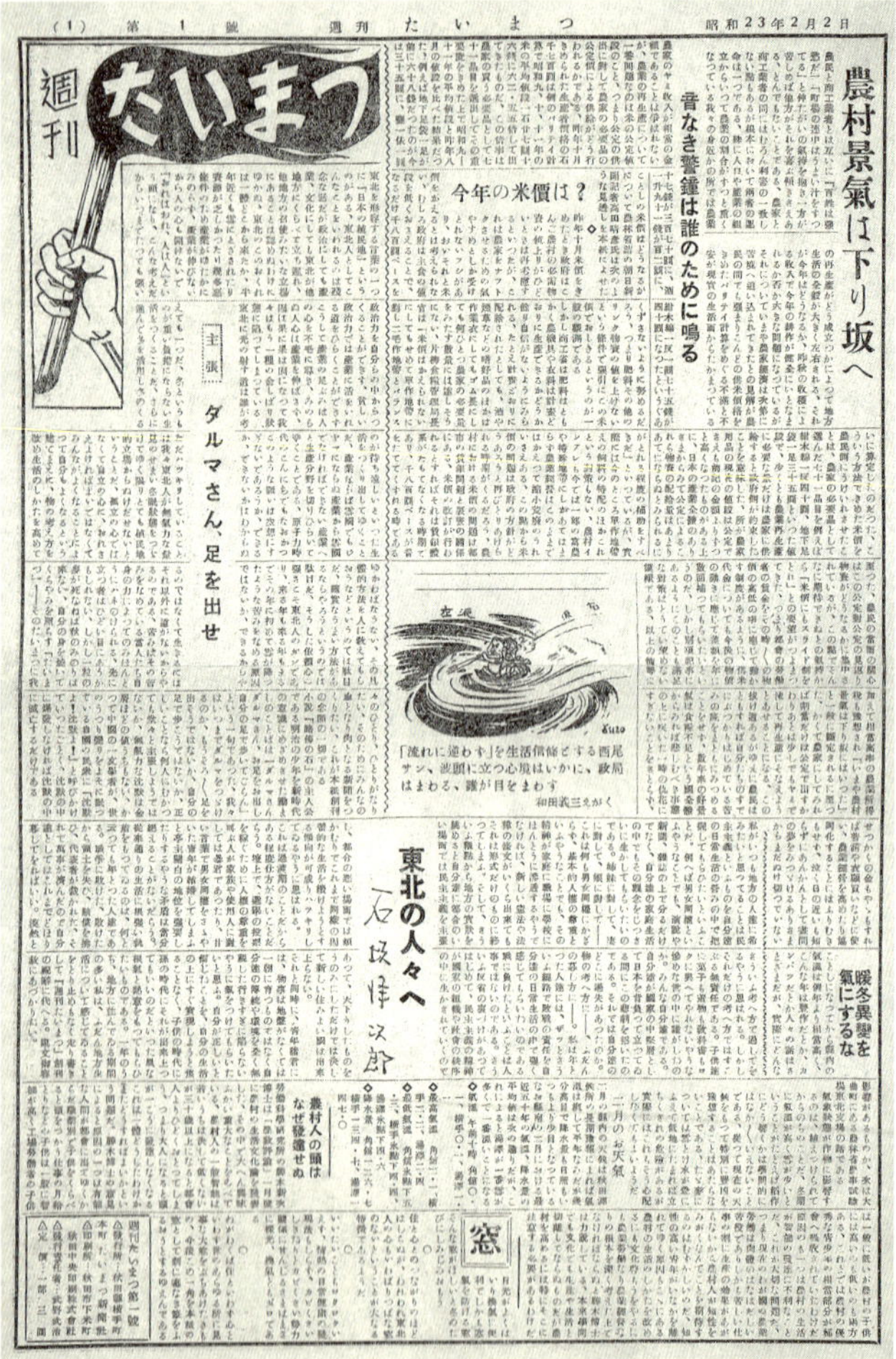

昭和23年2月2日　週刊　たいまつ　第1號　(1)

週刊 たいまつ

農村景氣は下り坂へ

音なき警鐘は誰のために鳴る

今年の米價は？

主張

ダルマさん、足を出せ

「流れに逆わす」を生活信條とする西尾サン、波頭に立つ心境はいかに、政局はまわる、誰が目をまわす　和田義三えがく

東北の人々へ

石坂洋次郎

暖冬異變を氣にするな

二月のお天氣

農村人の頭はなぜ發達せぬ

窓

作家・石坂洋次郎も寄稿した「たいまつ」創刊号

万八〇〇〇人の横手の最高学府に通う若者は、地域に密着したジャーナリズムを歓迎し、争うようにして新聞を手にするはずだ。雪の中で校門に立ったむのの幻想はわずか一時間で無残に打ち砕かれた。たいまつ新聞一号の巻頭では「東北を形容する言葉の一つに、『日本の植民地』というのがある。東北人としてこんなことをいわれるのは残念な話だが（略）他地方の召使みたいな立場にあることは認めぬわけにはいかぬ……」とだんびらを振りかざしたような記事が多かった。

固定読者はゼロ、価格は三円で二〇〇〇部発行したが、ほとんど売れなかった。何よりもつらかったのは何の反響もなかったことだ。批判されれば受けて立つこともできるが、無視されたらなすべき術もない。期待が大きいだけにむのの絶望は痛々しい。最初の号には約束通り石坂洋次郎が東北の人々へと題して署名記事を寄稿してくれた。

私がいつも地方の人達に希みたいと思ってることは民主主義というものを自分達の日常生活の営みの中で把握してもらいたいということだ。例えば男女同権というようなことでも、演説や新聞、雑誌の上で分るだけでなく、自分達の家庭生活の中でもその観念をじっさいに生かしてもらいたいのである。（略）戦争に敗けた、敗けたから領土を失い、賠償を払い、代表者が裁かれた、それで万事が済んだので自分たちとしてはこれまでどおり暮らしていればいい。漠然とそういう考え方で過しておるように思われる。しかしそれだけの考え方ではすこぶる無責任である。

故郷の人たちの無反応

最初の紙面は広告はゼロで発行した。むのは自分の熱い思いを発行したたいまつ一号の最後に書き連ねている。

およそ日本に新聞というものが生れて以来、読者と新聞との離れがこんにちほどひどいことはありません。戦争中にはじまったこの傾向は今なお改まってはいません。国民の心にとけこんだほんとうに信頼される新聞を私どもは育てたいと存じます、苦しんでいる人や貧乏な人やいつも馬鹿をみている正直者には愛され悪利をむさぼる者や政治ボス共には激しく憎まれる新聞——週刊「たいまつ」はそのようなものになりたいと思います。皆さま御支援をねがってやみません。

むのは、生まれたばかりの小さな新聞と読者の生き生きとしたつながりを夢見ていた。しかし、地方新聞に賭けた思いに故郷の人々は無反応でこたえた。次号の発行は遅れて二月一六日。冒頭は講和条約に関する評論、青年は次第に立ち直るとする若者への期待、インドのガンジー暗殺に関する記事などが書かれている。その中の小さなコラムにむのはこう書き連ねた。

民主主義という言葉だけを万能コウヤクのようにふりまわしたり、社会運動を飯くい道具にしたりする新ボスの擡頭《たいとう》を警戒しなければならぬ。公然の敵よりも味方づらをした身中の虫こそ最もたちの悪い民衆の敵である。

新聞を四号まで出したが、絶望し張り合いを失った。敗戦前後を含む活動の中での新聞記者の体験を生かし、最も低い位置から新しい国づくりへの道しるべをともそうとしたが早々と挫折した。反響らしいものが何も聞こえてこなかった。今になって振り返れば、様子見をしていた読者も多数いたはずだが、資金難とたいまつにかけた自信が大きすぎた。三三歳のむのは死の誘惑にかられるほど追い詰められた。

新聞を四回、それもまったく青くさいやり方で発行しただけで、そいつは思ったことが思った通りにならなかったといって鉄道線路の上をぶらぶらしていやがる……昭和二十三年の三月半ば、線路にさわってみたりしてまた歩き、かたわらの杉林の中にゴム長靴をずぶずぶぬからせてはいってみたり、頭はひとりごとでいっぱいであった……ほら待っていたものがゴウゴウと音をなびかせて挨拶しながらやってきたぞ！やってみろ！（『雪と足と』）

この時の体験を、後に『詞集たいまつ』でもこう書いている。

三十三歳以降には以前よりずっと行きづまった状況に追いこまれたことが何度もあった。しかし私はもう逃げようとしなかった。やってきたものから逃げないで、それに組みついていって、懸命にもがいた。もがいていると組みついた私が変わっていき、私に組みつかれたものも少しずつ変わっていくのであった。

この姿勢は一〇一歳で死を迎える時まで、むのの人生を貫く背骨となった。

GHQによる検閲

その夜が明けるとむのたけじは新聞社兼自宅に戻った。妻は察して何も言わずに迎えた。むのは、この新聞では小記事を重視するという特長を貫こう、できるだけ多くの読者の意見や出来事を掲載して対話ある紙面をつくろうと方針を固めた。

継続することで少しずつ存在が知られるようになった。創刊して半年経ち、一年経つと「とにかく一風変わった新聞だ」「田舎のマメ新聞のくせに天下国家を論じる」「弱いものに味方して強いものに立ち向かっていく新聞がでた」という評判も聞こえるようになり、少しずつ普及していった。創刊三年目には部数は一七〇〇程、その中の二〇〇部は県外で読まれるようになった。同時に一九四八年（昭和二三年）の五月に初めて講演依頼が舞い込んだ。

講演でむのが枕詞にしたのは、一日四食の励行。つまり一日三食のほかに一回は文字というめしを食べようという提案だった。講演も口で作る新聞だと位置付けた。むのの「口で作る新聞」は一〇一歳で死を迎えるまで六〇〇〇回を超える講演会として実現した。新聞発行にともなう意外なエピソードを聞くことができた。GHQによる検閲を受けていたことだ。戦争中は軍と日本政府の報道規制、戦後は連合軍が言論に介入してきた。

「私はたいまつ新聞の中で連合軍を批判する文章は一度も書いたことがないが、彼らを信用できなかったね。憲法を日本側に作ることをすすめながら、その憲法をずたずたに破ったのは彼らだから、批判にも値しない。敵意を持っていた。でも書きはしなかったの。なぜか。私は連合軍はどうでもいい。日本の百姓や労働者、若い者と一緒になって泥にまみれながら一緒に勉強しようと思っていた。

ところが、連合軍はたいまつに目をつけた。発行日を決めたらすぐ検閲に出せと。朝日新聞は近いからゲラでいい、お前は秋田だから新聞ができてからＧＨＱに三日以内に届けろと。電車も汽車もうまく走らない時代ですが、そんな事情は聞かん、問題がおきたらお前のせいだと厳しく言われた。

次に、毎月二人の米兵が指導援助と称して来る。私は下手な英語で喋っていたけど、四、五回目に、『あんたら嘘をついている。日本語わかるな』。そしたら淡泊に『はい、わかっています。我々は軍の秘密工作員です。秋田弁も勉強してきました』なんていう。それがずーっと、昭和二七年の連合軍が去るまで続いた。

たいまつは連合軍の政策に鋭い目を向けて反対意見を持っているとむこうは感じていた。

それと同時に、私を甘やかすようなことは何でも言ってきました。日本人がアメリカへ自由に行けるようになったら、必ずたいまつの人間を真っ先に招待して、アメリカの新聞社を見せてやるとか。それから、アメリカの『リーダーズ・ダイジェスト』の社長になった鈴木文史朗が私を東京に呼んで、NYタイムズができたときと、たいまつは同じようだと褒めてくれた。だから本当におかしな関係でしたよ」

――GHQが気になって記事を書けなかったなんてことがありましたか？

「それはなかったけど、ただとても不気味なことがあった。GHQのクリスマスパーティーの時、お前と長男を招待すると。常識的に考えたら、招待されるわけがない。すると妻が『父さん、胸騒ぎがする』なんて言う。

何されるかわからないなと思っていたら、結局行かずに済んだんだけど。連合軍に対して批判の記事を書いたことは全然ないにもかかわらず、ずっと昭和二七年の終わりまでたいまつは見はられていました。

日本の松川事件を担当した検事から、『今日、連合軍に呼ばれて相談を受けた。たいまつ新聞の論調はヒューマニズムだというのがいる一方、連合軍に反対の意見を持っているというものもいる。二対一で発禁にするかどうかの話が出たから気をつけたほうがいい』と電話をかけてきた。脅しだと思うけど。

だって、あんなちっぽけな新聞どうだっていいじゃない。でもやはり、見ていたということね。それを聞いて、もし連合軍が新聞つぶしたら、憲法にのっとって新しい新聞出すぞ。その名前はたいまつぶっ潰されたんだから『まっくら』にしようと笑ったことがあったな」

GHQが、発行部数も少ない「たいまつ新聞」になぜ警戒の目を向けたのか。臆測でしかないが、イデオロギーの主張や戦前回帰の右傾化した論調とはちがい、既存の範疇に属さない新聞がとにかく気になったようだ。

『たいまつ十六年』の衝撃

「たいまつ」は九州、関西方面をも含めて県外にも少しずつ読者を広げていった。一九五二年（昭和二七年）四月にGHQが廃止され、対日平和・日米安全保障条約が発効した。こうして七年間の占領時代は終わった。むのたけじは、新聞発行だけではなく、講演会に呼ばれたり、民主主義と平和をつくる市民運動を推進するなど、地方の社会活動の中核として力を発揮していく。「たいまつ新聞」の存在感が次第に増す中で、一六年目の一九六三年（昭和三八年）に一冊の本が出版された。その『たいまつ十六年』は全国に大きな反響を与え、版を重ねていった。むのに憧れ新聞記者になった河谷史夫に話を聞いた。

「昭和三八年に、企画通信社という出版社からでた『たいまつ十六年』が、日本列島に衝撃を与えるわけです。戦争責任をとって辞めた新聞記者がいるんだっていう噂はあったかもしれないけど、本当にいたんだと。しかも、東北の片隅で営々一六年間、言論活動をやってきた。

その集積が『たいまつ十六年』という本になって、その当時の論壇、書評でわっと取り上げられるわけです。僕も地方の田舎の高校生だったのが、それを見て「えっ！」と思う、それがむのたけじとの出会いですね。

こんなにも真面目に、時代あるいは人間と取り組むことができるんだと。僕なんかは、新聞記者になりたいなと思いかけていた頃だったから、これはもう、ここに目標、支えがあるという受け取り方をしましたね。だから当時、興奮状態で手紙を出したわけ。すると、すぐ返事が来て。そういうところは筆まめというか、若い人間、思いのある者に対しては、むのさんは非常に温かく迎えてくれる。

彼自身もどこかに書いていたけど、自分の対人関係は、来る者を拒まず、去る者は追わず。それを彼は生涯貫いていると思うけど、だから求められれば応じるという人だった。手紙の返事が来たということに感動したし、すぐ乏しい小遣いを工面して、そのころは月刊になっていましたけど、たいまつの購読を予約するということをやって。それからですね、僕とむのさんとの関係は、記者になって東京に出てからはむのさんが出てくるときにお目にかかって数時間過ごすという関係でした。いつも、むのさんはにこにこして時代に対して憤慨していました。むのさんがこんなに怒って憤慨しているのに、私たちがぼんやりしていてはダメだなという思いはありました」

河谷は朝日新聞の編集委員時代にコラム「素粒子」を担当した。出版以来、むのたけじは記者を目指す若者に注目されるようになる。当時むのたけじは四八歳になっていた。

その後、『雪と足と』『踏まれ石の返書』『ボロを旗として』など、年に一冊ほどのむのたけじの著作が次々と刊行された。出す本は世の中の注目を集め、ラジオやテレビへの出演なども増えていく。本が世に出たことで生活は一変した。

第六章

還暦を過ぎ一〇〇歳への飛躍

1973年、中国政府から民間友好使節の一員として招待を受ける。前列左から三人目がむの

中国政府からの招待

たいまつ新聞は、発刊から三〇年続いたが、一九七八年（昭和五三年）の一月三〇日に刊行した七八〇号で休刊された。近い将来に再出発したいという気持ちもあったが、再び発行されることはなかった。『たいまつ十六年』が出版されて、この地方新聞は少しずつ内容が変わっていった。

まず週刊ではなく、月刊が基本となった。出発点でむのが考えたのは、中央の日刊新聞ではなく、一週間は手元において読んでもらいたいということだったが、月刊では「たいまつ」の性格はぼけてしまう。時代背景も大きく変わった。学園闘争、公害問題、六〇年安保、基地反対などの日本の大衆市民運動もこの時期、活力を失ってしまった。むのは地方から中央を撃つというローカル新聞の限界を感じ始めていた。何かが変わらなければという焦りもあった。

休刊の年に六三歳だから、会社に勤めていれば定年退職の年齢に達していた。むのは生涯で初めて、ゆっくりと締め切りに追われない時間を得たことになる。

戦後の大きな変化に日本人の平均寿命の延びがある。日本は世界に類のない超高齢化社会を迎えている。人類史上初めての寿命一〇〇年時代が到来し、生き方への問い直しが広く話題になっている。むのにとっても休刊は新たな一〇〇歳に向けての歩みの始まりとなった。寿命が長くなると、かつての学生時代、社会人時代、定年後という三段階のライフスタイルは通用しない。人生のマルチステージ化や多様な生き方や社会活動が求められ、与えられた命を生かし切って命を輝かせようという日本人が増えている。その意味ではむのたけじはトップランナーとして私たちの生き方のお手本にもなる。

還暦を過ぎて、しだいにむのたけじの行動範囲が広がっていく。一九七二年（昭和四七年）は田中角栄が自民党総裁に選出され首相となった年である。この年に田中首相は中国を訪問し日中共同声明が発表された。その翌年にむのたけじは中国政府から民間友好使節の一員として招待された。文化大革命のさなかでの訪中だった。

「中国から呼ばれ、配慮に甘えて四十数日にわたってあちこちを見せてもらい、その後も中国をたびたび訪れた。たいまつを休刊してからは女房と二人で外国に旅行するようになった。

最初の中国ですが、田中角栄が行ったあと招かれて、ホテルも全部田中角栄と同じ扱いでした。なんでこんな横手の人間を中国の政府が呼んでくれたんだと思った。そして、周恩来、毛沢東から変わった人間がいるというので呼ばれ、人民大会堂の大会議室で日本の外交政策を担当する幹部二五〇人を集めて、中国の日本に対する外交政策をどう見るかという議題で喋った。

『中国よ、お前さんたちの日本への政策は間違っている！』

中国に行って女子供にひどいことをやった人間は、軍閥、財閥の影響だ。軍閥、財閥は中国の敵だけれども、一般の民衆は昔も今も中国人民の味方だと。しかしこうも話した。中国へ来て民衆に対してひどいことをやった人間は、三井財閥の長男でも、三菱財閥の次男でもない。この俺と同じサラリーマン、労働者、普通の人間が駆り出されると、こういうひどいことをやる。だから、中国の民衆は日本の民衆に対して許せないと怒っている。正直言って、我々日本の民衆も中国の政府や民衆は何もかも正しいと思っているわけじゃない。不平不満もある。

そこをぶつけようじゃないか。殺し合いはダメ、鉄砲はダメだけど、ほっぺたを手のひらでぶつぐらいはやって、本気で本音をぶちまけて、民衆同士でわかり合い、力を合わせる方向を作ろうじゃないかと言った。

話した次の日に、中国側が招待したほかの日本人の講演に対し、中国側の評価を出してきた。私の講演には、やってから三日たっても、一週間たっても何も言われなかった」

　中国政府としては、まとめようがなかったのか、予定された外交辞令とは違うむの節《ぶし》が炸裂したが笑って認めたようだ。当時は文化大革命の最中で中国も大変革の時代だった。むのたけじは今回の訪問でも中国の大きな歴史の節目を身をもって感じた。報知新聞の特派員として、黄河の源流で仰臥《ぎょうが》して天を見つめてから、三三年の歳月が過ぎていた。会いたかった毛沢東が目の前に立っていたが、直接話はできなかった。


「毛沢東が強烈な指導者として作った中国も今は様変わりしているけれども、あの人たちが、プロレタリア文化大革命という名前で、一党独裁は間違いだ、反省してやり直そうとしたときに、二つスローガンを作った。

　一つは国家をつぶす。市町村もやめる、都道府県もやめる、そして人民公社を作る。工業、商業に教育や文化、さらに民兵までが共同体となり、その単位は大体二万人だという。中国全土でいうと三億八〇〇〇万もある。国は何をやるかと言うと外交と軍備。人民公社で自給自足、完全自治をすると言った。

人民公社に並んでもうひとつ、その時盛んに言われたのが、世の中を変えるには、老・壮・青の三世代が結束しなければ、世の中はよくならないという革命スローガンだった。至るところで「三世代の連帯」とか「ゆりかごから墓場まで」といったスローガンが張り出されていた。

俺は考えた、人民公社の二万人という数字がちょうど横手の人口と合っている。二万人は多くのマイナスや欠点もあったけれど、人と人とが、温め合う、助け合う、支え合って生きるということが二万人という単位だった。だから、横手も徳川時代から、農民と商人とお医者さんやら役人やらでちょうど二万人グループで生きてきた。

二万人の人民公社が毛沢東の革命運動でも、本当に人間同士が同じ場所に暮らす単位だと主張していたが、それは横手にも言えるなと考えさせられた。その時に、私を四十何日世話した人間が、後の外務大臣・唐家璇、今の中国側の日中友好協会の会長。お偉方が行くときは、皆彼を通して行く。彼は秋田・横手市まで私に会いに来てくれましたよ。あの貧乏ジャーナリストはどうしているかと」

近隣諸国との付き合い方

中央政府から独立した地域の尊重を人民公社という革命テーゼで主張していた中国の文化大革命を見て、それまで横手という地域に深く釘づけになり新聞を出してきたむのの心の中で、何かが動いた。その後はしばしば妻をともなっての海外旅行に出かけるようになる。

「李承晩がアメリカに命じられて韓国を支配していたのが心にひっかかっていた。私はあまり韓国の問題を勉強しなかったんだけれど、アメリカを旅行したとき、ロサンゼルスで韓国から来て学んでいる一八歳の少女と出会った。

もう自分の親かおじいちゃんに会ったようにとても親近感を込めてきて、私も六〇歳過ぎの時だけど、自分の子どもか孫のように思えて、手を握って『アズ、エイジアン』と。私生まれて初めてその時たった一回だけ、アジア人として『アズエイジアントゥギャザー』、頑張ろうねと言った。そして女房に、韓国を見に行かなければと言って、一ヵ月もしないうちにお金を都合して、韓国への一週間の旅行団に参加した。

韓国では、外国に行った気が本当にしなかった。親戚の家に行ったような、とっても嬉しい経験を積みました。安い旅行団だから、宿も学生が修学旅行で使うような宿なの。観光ガイドの女性が、『日本の皆さん、韓国の若い人と直接会話しないでください。相互にぴったりしないことがあって感情がぶつかるといけませんから』という。

特に若い男性からは煙草をせびられたりするかもしれないので、会話をしないでくださいと言われていたんですよ。でも、有名な大学に行ってふれあって、別れるときに、おじさん！　韓国の学生さんたちが煙草きらしちゃったって言う。

その時、私は煙草をうんと吸っていた時代だったので、『ちょっと待って』と言ってポケットを見たら、ああ、いい具合に二箱新しいのがあるといって見せたら、学生は何のこだわりもないのよ。二箱のうち、皆が一本ずつ抜いて三本だけ残ったんだって。そしたら、それを返すという。我々がバスに乗って別れるとき、彼らがそこにいる。彼らの態度がね、『わー、お元気で！』とか、もう世間で言うのとは違う。

あなたに韓国や中国との関係を問われてみてね、私の幼児体験の中にそういうものが重なり合って、それがやはり一〇〇歳の今でも続いています。だから、もし私が外交の問題でもう一度どこかで意見を大きい声で言えることがあったら言おうと思うんだけど、隣の朝鮮半島や中国大陸、日本のちっぽけな列島、これはもうね、地球ができて人類が登場して七〇〇万年だけど、我々が知らないずっと古いときから行ったり来たりがあるのよ。そういう研究をしている人がいますよ。

たとえば、東北地方の古い方言と朝鮮語が似てるとかね。言葉のなかでもずいぶんつながりがある。現在の考古学、文化人類学を超えた、うんと古い積み重ねがある。私どもは、東北地方と言えば南北に長く伸びているけど、実際はあちこちに小さな島があって、そこを伝いながら歩いているわけで、古くから朝鮮半島や中国とは喧嘩もしたし、仲良くもした。いろいろあるけど、私は一族だと思っているの。

したがって、現在のアジア情勢についてモノを言うとしたら、中国、朝鮮半島との問題では、対立なんかがあったら、お互いにそれを対立とは言わないこと。とにかく、じゃあお互いどう考えるんだとしゃべりあって、言いたいことを言い合いながら、喧嘩をしないで解決する。これは通常の外交問題や軍事問題ではないと。とにかく問題が起きたら、お互いが言いたいことをじゃんじゃん言いながら、なおかつ戦をやらずどこかで折り合うことができるはずだから、それをまずやらないとね。

日本がいくらこの地球上で立派なことを言ったってね、隣近所とささくれあった関係ではどうしようもないんじゃないの？　ま、そんなことを考えている」

語りかけの名手

たいまつ休刊後はしだいに講演がむのの活動の柱となっていく。人々の中に入り、人々と語り合い、いっしょに学び合うという精神である。むのたけじの次の仕事の舞台は、文字で書く新聞ではなく、口で語り伝える新聞だった。全国を行脚し、さまざまな人と同じ場で触れ合うことで一〇〇歳の寿命につながる新たなエネルギーをもらった。

放送、新聞、出版では受け止める側の顔は見えない。マスコミは送り手から受け手への一方向のメディアだが、講演は違う。反応や反対意見がビンビンと伝わってくる。そこにむのたけじは手ごたえを感じていた。私は何度も講演会に足を運んだが、むのたけじは語りかけの名手である。講演会は主催者がその都度変わるし、年齢層も幅広く、集まる聴衆もさまざまである。事前に準備をしていくが、その場を見て当意即妙に話を組み立てていく。たいまつ新聞は形を変えて続いていたともいえる。講演会の数が生涯六〇〇〇回を超えたという。

二〇一四年一一月に行われた秋田での講演会は、戦争中に長女、ゆかりさんを亡くした体験を話した。医療関係者に向けた会という性格を考えての話だった。

「私が一〇〇歳になっても、戦争反対、平和のために働くと紹介していただきましたが、そのきっかけは、私は六人の子の父になりましたが、最初に生まれた女の子が三歳で疫痢に罹《かか》って死んでしまった。この子が与えた影響です。この子の思い、悲しみを日本人の幼子に味わわせてはならない。

病気になった、どうやら消化器の病気らしい。浦和市に住んでおりまして、病院に電話をかけて診てもらおうとしたら、看護師さんが『残念ですが、今日は浦和に一人もお医者さんはいません』という。『出征する兵士の中に医者が三人いて、浦和のお医者さんがみな大宮のお宮で祈禱、壮行会に行ってしまっていて、救いようがありません。あなたができることは、町外れの隔離病棟、そこへ子どもを抱いていって、医者の帰りを待つだけです』と言われて、浦和の外れの誰も住んでいない所へいって、ゴミを払って、子どもを抱いていた。

茶色い血を喉から出し、そのうち『お手々繫いで野道をゆけば〜』という歌を時々繰り返す。午後二時から夕方まで待ったが、誰も来てくれない。ちょうど妻が臨月だったから呼ぶわけにもいかない。暗闇の中で三歳の子を抱いている。そのうちに、ゆかりという名のその子が『お手々繫いで〜みんな可愛い』そこでぽとっと歌が止まる。がーっと茶色い血を出す。で、しばらく経って『お手々繋いで〜』と繰り返す。

後になって考えてみたら、（歌詞には「みんな可愛い小鳥になって」とあるが）私は人間でいたい、小鳥になるということは死ぬことだ、と必死で抵抗しながら、病気と戦っていた。私は朝日新聞の記者でしたから、会社の連中が心配してくれて、ペニシリンを飲めば治るだろうけど、いま陸軍が研究中で一年後でしか使えないという話を後から聞いたが、何の打つ手もない。そこから私は戦争で殺されるくらいなら、戦争をなくすために命を捨てる方がどれだけ大事か。その思いで住む街どこでも、戦争反対、人間復活、これを一〇〇歳まで通してきた。三歳の子が私を教育してくれましたものな」

「我々が動けば世の中が変わる」

九〇歳を過ぎて、むのは若い世代の中にこそ社会を変える力があると期待するようになった。学生や若い人が集まる講演や学習会には万難を排して出た。自分に残された時間は限りがあることも感じていた。二〇一五年の立教大学での講演ではあらかじめ募った学生の質問に答える形で会が進められた。

――私は中国からの留学生で、福祉を勉強しています。お聞きしたいのは、日本では戦争についてどんな教育をしているのか。たとえば中国では、反日教育とよくいいますが、実際に学校で教わるのは、戦争のことについて決して忘れてはいけないが、恨んではいけないということです。日本ではどうでしょうか。それと、これから戦争を起こさないようにするには、どんな教育が大事だと思いますか？

むのはこう答えた。

「日本の教育の現場では、満州事変、支那事変、太平洋戦争といった日本の行動をきちっと整理して青少年に伝えるということをやったかというと、残念ながら、日本の歴代政府の中でそこにけじめをつけ、これを学ばなければいけないテキストさえ作ったことはない。もしやっているとすれば、教職員組合が反戦・平和、それから日本の中国に対する侵略、大東亜戦争の過ちを子どもたちに伝える努力は続けてきました。大学はそういう小中高の先生方の活動に協力しましたな。

私の住む秋田県では、四〇人の教師が教職員組合と連携しながら、平和、戦争反対、それと同時に自分をきちっと確立する社会を創るということで、活動を続けてきました。しかし一番大事な心棒が入っていなかったためうまくいかなかった。私は戦争中のモンゴル地区へも行きましたが、戦争が終わった後、一九七三年三月に中国側から招かれて行った。各地を見せてもらい、とくに北京大学では予定の倍の時間を過ごしましたが、おっしゃったように、中国では反日教育、懲らしめてやれという言葉は一つも聞きませんでした。同時に日本を許すとも聞かなかった。

それを思うと、さっきの『戦争を忘れてはいけないが、恨んではいけない』というのはいい言葉ではないですか。

戦争の歴史事実を記憶しながら、同じ過ちを二度と繰り返さないために、何をやらなきゃいけないかをみつめなければいけない。中国の留学生の声を皆さんに聞いてもらいましたが、これからはどしどし、海外へ行くのが当たり前の時代ですから、アジア諸国の人々と直にふれて、思ったまま喋るという機会を作り努力してみるべきじゃないですか。そうすれば、道がきっとひらかれるというふうに思います。

日本の若者たちは、七〇年間は昔のように軍隊が出兵して人を殺しに行くというようなことを、憲法九条によりやらなかった。このことを守って、戦死者が一人もでない、外国人を一人も戦死させていない。日本の若い世代のハートには、過去の日本とは違うものを育てていると思いますよ。

――秋田大学教育文化学部社会科教育学科から来ました。私たちはいま小中学生に向けて、むのさんを題材とした授業を考えておりまして、附属小、附属中で授業をする予定でいます。今日はむのさんの生の声を子どもたちに伝えたいなと、取材をかねて参加させていただいています。

そこで一つ質問をさせていただきます。むのさんはこの先、この社会がどうなることを願いますか？　また残りの人生をかけて、そのためにどんなことを行っていきたいですか？

「戦争で殺されるよりは、戦争を殺すために生きることが、人間として生き甲斐のあることだと思う。そこで私が力説したいのは、人類は過去に何度かひどい目に遭って困ったことがある。そのときに、英雄はどこにいるか、救世主はどこにいるかって拝むでしょ、他力依存なの。戦争をやめなければ人類は滅ぶかもしれない。滅ぶ危険をもつ人間が戦争を殺さなければだめ。

それをやらないで、東京のある神宮には三二〇万人が行って賽銭《さいせん》を投げたっていうんでしょ。賽銭箱に入りきらないから、落ちないように五五五枚の畳をしいて、その向こうに神様がいる。そこに金をぶつけて、『神よ！　俺の願いをかなえろ！』って、これで神が願いかなえますか？（会場笑）三二〇万人の願いを聞き分けて願いをかなえてくれる神様がどこにいますか。それをやめようということ。我々が動かなきゃダメです。我々が動けば世の中が変わる。自分に誇りと責任を持つ。そうなればいい」

気力に火をともす力

――私は立教大学の大学院でコミュニティ福祉学研究科というところに所属しています。私は五月三一日、埼玉県で行われた安保に関する集会に参加してきました。そこで思ったのは、若者が明らかに少ないということです。

でも、若者が政治に参加しないと責めるばかりではいけない状況がある。というのも、大学生は奨学金を借りてバイトをしながら大学に行く学生も多いし、卒業後も非正規雇用の問題やブラック企業の問題、奨学金も返さなければいけない。

そう考えていくと、いまの若者が政治に参加できない社会構造があると思うんです。そこでむのさんに聞きたいのは、第二次世界大戦頃の若者の政治参加の状況を踏まえ、今の若者はいかに政治に関心を持ち、関わっていけばいいのでしょうか。

「現在の安倍内閣の積極的平和主義なるものの内容について反対する集会が全国各地で行われていますが、いまの学生さんは参加してみて、同じ若者が少なかったということで、学校に通うためのお金を稼ぐためにも、奨学金を返すためにも困難な社会状況にあり、そんな中で政治問題へ近づこうとしない。どうすればいいのかという質問が書いてありました。実は私はそれを読んでおかしいなと思いました。

なぜなら、私の青年時代、二一歳で大学を出て新聞社で働き始めましたが、八〇年前、私が東京外語を卒業したときの流行語が、『大学は出たけれど』です。

大学は出たけれど、うまく就職ができない。社会人としての生活を営みがたいという、そういう状況がはっきり現れたときです。一九二〇年代の日本の若者の中で大学へ行けたのは、おそらく五％くらい。私も小百姓の倅にうまれ、将来自分が何になるか考える必要もヒマもなかった。農家の次男三男は小学校六年を終わると仕事につく。その仕事を当時の言葉で、下男・下女といった。地主・商店・工場の一番下の働き手。収入もろくに得られない、そういうところに行くのが普通だったんです。男は満二〇歳で兵隊にとられ、女性も二〇歳頃まで奴隷のような生活を強いられていた。

しかしですよ、その体制の中で、当時、いまの社会主義政党、社会大衆党に入るのは大学生でした。若い方々に言いたいけれど、もし第三次世界大戦が起これば、人類の存在そのもの、地球上の動植物が九割まで死に絶えます。そういう戦争への道は、若いエネルギーでしか止められません。私は今晩死んだって、明日死んだって、一〇〇歳だから当たり前。いま二〇から二二歳の方、平均寿命八〇で、あと六〇年は生きる方々が自分たちの生活感覚、生命感覚でみたら、現在の社会状況にひしひしと危険を感じ、その危険をくいとめなければいけないんじゃないですか」

むのは求められれば若い人たちが集まる場所なら進んで出かけた。二〇一四年三月には、朝日新聞社に採用された新入社員にむけて講演をしたという。三泊四日の学習会で、先輩として話をしてほしいと頼まれて、有楽町の大きな会議室に行った。むのは机を並べるのでなく、車座になり皆が対等に意見を交わせる会にしようと考えた。

「新聞は社会の過ちを直すために、明治から社説を冒頭にもってきた。ところが、その社説ではどこの政党が良い悪いとか社会がどうとかはいうけど、日本を良くするか悪くするかは国民自身だ！　その国民にまっすぐにバンとぶつける社説がもっとあってもいいと思っている。ところが、国民は新聞を買うお客だから、辛口なことをまっすぐ言えない。本当に日本が大事なときに、国民の怒りを買ってでも、だめじゃないか！　という社説を書かなければいけないということを、二二、三歳の新人記者に言ったのよ。

若者たちが熱心に聞いてくれるので、二時間の予定が三時間になった。そしたら、会社のほうから、先輩の講演を聞いてすぐ帰るな、むのさんの話を聞いた感想を書きなさいと。で、それを後で送ってくれた。ビックリしたな。私がもう一〇〇歳近くになっているのに、二二、三歳の人が、よく理解してくれていたんだな。まっすぐに受け止めてくれて、さっき言った社説で、国民に向かって、客だからでなく、本気になって国民・国家のためを思ってまっすぐに言わなきゃいかんということにこたえると書いた文章があった。

『私は日本のブレーキになります』

『私は日本のアクセルになります』と。

三人しかいない女性記者の一人だと思いますが、ちゃんと通じるんだなと嬉しくてたまらなかった」

むのたけじの気力に火をともす力は、若い世代の真剣なまなざしである。講演会に行くたびにたいまつの初心は消えていないと感じてきた。むのの平和への旅はまだまだ続いた。

第七章

一〇一歳の初夢

100歳の誕生日、92歳で亡くなった妻・美江さんの写真を傍らにおせち料理を口にするむの

人間にとっての最高の経験

二〇一六年一月二日は、むのたけじの一〇一歳の誕生日だった。前年は一〇〇歳の大きな節目だったこともあり、埼玉の自宅はテレビ、新聞などの取材チームであふれていた。しかし、翌年は一一時ぐらいにうかがうと、私一人だった。新年の挨拶をしているうちに、むのもリラックスして飾らない素の話が出てきた。エロス（生）とタナトス（死）が一〇一歳の誕生日のテーマになった。一般的に老人という先入観で人を見ることの大きな間違いを教えられたようで印象に残っている。

こんな質問への答えだった。

——奥様が亡くなられたのは、おいくつでした?

「九二歳のときですよ。ちょうど一〇年ちょっと経ってますよ」

——どんなお暮らしでしたか。

「妻はすぐ隣の布団に寝てたけどね、彼女は若い頃に子どもを六人も生んだから、普通の性生活でしょうが、そうしたことはあまり望まなかったな。私もまったく別に感情がないわけで、それはどうってことなかった。

だけどこの頃、たいまつの巻頭に『詞集たいまつ』として短く書いた言葉を、筆で色紙を書いてるでしょう。何枚になったかわからないけれども、その中でセックスの問題をね、時々書いててね。

もっと男も女も真剣に考えないとだめだね。セックスっていうのは人間が持ってる大変な能力でね、あれをおざなりにやってるのは良くないと思う。やっぱり自分で考えて責任を持つところ、やらないならやらない、やるならやる。あれは、人間の他の行為では得られないものはあるな……。

私はあの行為が本当に男と女がお互いを許し合い、大切にし合う安らぎと喜びと感覚、人間の最高の経験だと思うね。だからそういう喜びを感じる交わりはね、何十回、何百回の中に何回あるかわからんけど、あれを越えるものはないっていうのはこの頃の私の感覚ですね。本当にお互いを大事にして一時間二時間抱き合う、あの喜びね、あれをしのぐ経験は他にはないと思うね」

予想もしない話を聞いて思わず考えた。むのは一〇一歳なのに心は枯れていない。失礼とは思ったが、今日しか聞けないと思って聞いてみた。なんとも愛らしいむのの答えだった。

――じゃあ一〇一歳の抱負として、もう一回女性の肌に触れたいって気はありますか？

「女房は死んじゃったけど。私は、車いすで杖ついて行くけど、もしわがままできるとすれば、ちょっと遠方行くときはおんぶしてもらいたい。それも女の方にね……。

どうしてそういうこと言うかというと、関西へ行ったときにぶっ倒れて、車いすを初めて使った。そのときに新幹線に乗って帰る私をなぜか美しい女性二人が送ってくれたんですよ。後でわかったんだけど途中で私が倒れたりしたら、彼女たちが交互におぶって、新幹線まで運んでくれるために来た女性だったんだな。

それをふーと思い出してみて、あらー、あの女性たちの頼りがいのあったこと。だから息子にも言ったこと全然ないけど、わがままを言えと言われたら女の人の方の背中に乗っかって運んでもらったら、これは楽しいだろうなって。世の中の話題やいろんな話ができたらこれこそいい勉強になるなと思って。

仙人が雲の上から若い女性の白い素足を見て落っこちちゃったという話を思い出した。いい話だとにこにこしてしまった。むのをかわいいという若い女性が多いこともなんとなくわかる。

――この話は、むのたけじ一〇一歳の初夢ということでよろしいでしょうか？

「ご自由に。いいですよ」

むのたけじにとっての初夢とは戦争がない社会以外にないだろう。正夢にしたい。この世には女と男しかいない。二人が愛し合えば男は女を未亡人にして悲しませたくないし、女は男を戦場に送り出して死なせたくない。むのの初夢は男女の和合が戦争へ向かう力へ真っ向から対立する原理というわけだ。エロスの原理がタナトスの死の原理に対抗する。芋焼酎を口にして、ほのぼの雑談しながら、次男の大策《だいさく》さんが作ったおせちをいただいた。乾杯した。

笑いながら死ぬ練習

――一〇一歳というのは一〇〇歳とは違う感慨がありませんか？

「そうですね。えぇ、ちょっと不思議です。言葉にならないけれども生命というものは誰もが一個で、一生で一個の生命を一回しか試せない点ですべての人間が平等でしょ。そのくせ寿命についてはまるっきり違うな。生まれてすぐ死ぬのもいれば、一〇〇歳を超すのもいる。そこには平等も何もないでしょ？　しかもすべて自分の責任のせいかといえば今朝のニュースのように交通事故で若い者が三人も四人も死んだりする。自分の責任とはいえないもんね、そういうのはね。これはどういうことなのかな……。

生命ってものが、ある部分では人間すべてに共通の平等が約束されていながら、ある部分ではまるっきり個人の突拍子のない事情で長かったり短かったりする、これを人間自身はどう受け止めるかね」

一〇一歳にして生命を考えるむのたけじ。最後の最後に病院で死の間際に語ったことも生命に関してだったが、この日にも生命について最近思っていることを語り始めていた。

「なんと考えればいいかわからんが、ただ私は生命について二、三〇年くらい前からしばしば言っているんだけども、生まれるのはめでたくて、死ぬのは悲しいっていうのはこれはおかしいっていうんですよ。うん、生まれるのがめでたいなら、死ぬのもめでたいとは言えなくても悲しむ必要はないはずだと。そこが私わからないんですよ。

だから、一〇年くらい前からかな、死んだとき親しい友だけは『あーよくぞ、くたばったむのたけじ』と実感を込めて言ってもらいたいなんて、口にしたことあるんだけど。この気持ちが他の人にはわかってもらえないんだよね。

だもんだから、最後の本はにこにこ笑いながら死にますなんて本を書こうかなって言ったら、練習してみたらって家族に言われて、息を引き取るような表情をしながらニコニコ笑おうと思ったら全然できないね。不思議なもんでね。

うちの次男坊に聞いたら、それはそういう人間が今までいなかったからだ、だから身体の構造が笑いながら息を引き取るって具合にできていないんだって。そうであればなるほど、その練習しながら死にたいなって笑い話半分に言いながらも、本当は本気なんですよ。だから息子に言ってるんだけど、カメラを買っておくから死んだらパッと俺を撮ってくれって。そして笑ってるか、笑ってないかよく見てくれと。

そんなことをむのは言ってたけど、結局は笑えないで死んだとか、笑いながら死んだとか、そう考えると人生をどう締めくくるかが問題のような気がしてね。しかもこれが各人の責任に、任された格好になってるところに人間のひとつの大きな問題があるような気がしてね」

――むのさん、いよいよ死期を悟ったら呼んでくださいね。

「はいはい。そうします」

――でも相当先ですね。

「いやいやいや、どうなりますか。私は七五までは青年だと思ってて、実際七五まではたいていの用は自転車で済ませていました。

七五歳の夏ごろかな、北上駅へ電車へ間に合うように走って、梯子段のぼって途中でダウンしかけて、あー我老いたりと。七五歳では性行為はなかったんだけども、おちんちんだっていうことときいたんじゃないかと思ってるんだけどね。六〇なんぼなら花の盛りだ。私に言わせれば、七五までは元気でいくと思うけどね」

――七七でしたっけ？　喜寿って。

「そうです。私は（お祝いを）何もやらなかったもんだから。米寿も何も。やってくれるなんて言う人もいなかったし」

――還暦なんて全然関係なかったんですか。

「普通の世間とは付き合わなかった。そういうのはどうもね、うん」

別の機会にむのたけじの生命観を聞いた。女性への畏敬の念が込められていた。

「女の特徴とはなにかと言えば、子どもができるときには、精子が膣道を通って子宮に入ってきてそこで卵子と出会う。胎児が育って産まれるときには、今度は膣道が産道になって出て行く。

曲がりくねったコースがいろいろあるから、そのどこかで故障を起こせば大変なことになる。だから、女の一番の特徴は、物事の筋がとおるということについて潔癖で、最大の努力をするということだ。殺さないという正義感の強さと、筋を通すということの二つだな」

地方自治を体現した村

むのたけじは九五歳まで秋田県横手で生活していた。学生時代と朝日新聞に勤めていた時代を除く約七五年間は横手だった。次男の大策さんと暮らすようになってまだ七年も経っていない。むのの生きてきた世間は秋田の横手にある。

「敵意を持って私のことを『横手の化け物』って呼ぶ人が多いです。私は敵が多いと思います。横手の化け物っていうのが私のあだ名ですもん。その点はむこうも妥協しない。私も妥協しなかった。同じ場所でも仕事仲間なんでね、まぁ喧嘩はしないけども心と心で対決してずっと続いている。

敵だから手本だ、見本だっていうような捉え方もあるでしょ。殺してしまったら手本はなくなるわけで、そうすることによってこっちもむこうも生きるってね。対立を一対に持っていくにはそれしかないわけでね。敵を味方に変えなきゃいかん。『毛沢東語録』はそういう感じを述べているんですよ。『敵が消えれば、味方も消える。敵味方一緒にいる』っていうのが毛沢東の言葉なんだけど、そういう発想は日本人はできなかったな」

二〇一六年一月には、横手から山を越えた岩手県湯田町（現・西和賀町）から講演に呼ばれていた。その土地には心から信頼しあった友人が住んでいた。後でわかってきたが、一〇一歳になってからの講演依頼はあまり受けずに、本当に語りたいことと伝えたいことを話せる場に限ろうと考えていたようだ。三月には早稲田大学での対話集会が予定されていたが、体調が悪くて延期している。五月には横手での講演が待っていた。むのたけじにとって優先順位が高い仕事に集中する一年が始まった。

「(岩手県湯田町は) 生まれたとこの反対側なの、奥羽山脈越えて。だから中学校の頃は生まれた六郷町から山越えて行くのが年中行事でね。親近感持っているところ。

かつて、湯田町の広報の作成をたいまつ新聞で引き受けたの。たいまつの活字は、朝日新聞が戦争中の一番小さい活字を払い下げてくれたから使っていたんだけど、そんな活字では戦後の広報なんて向かないわけだ。だけど湯田町役場では、それでいいと言ってくれた。それで一年間広報出したの。

それが総務省が選ぶ全国のコンクールで湯田がトップになっちゃった。理由は簡単だったんです。ほかの市町村の広報は、八割から九割が役場から住民に税金納めましょう、あれをやるとかこれをやるっていう内容だったんです。湯田町の広報は住民から役場に向かって、問題や要求を住民本位に伝えあう記事を作っていた。そしたらね、日本一に押されたの。

呼ばれて、そこの町へ行くんですよ。そこには湯田町の広報担当者などが中心メンバーとなって作ったぶどう座という住民の劇団なんかもある。そこにシェイクスピア劇場の原型と、江戸時代の小屋と、両方組み合わせた木造の劇場があるんです。日本でも珍しいところなんだよね。そういうものを育てたところです。

あの当時といえば五〇年も前ですよ。そういう思いを込めて、昔のこういう先輩がいるんだから、あんたがたも頑張れよって意味の話をしようと思ってるけど、そこまで話が通じるかどうかかね」

むのが大切にしている故郷の誇りがあった。寒い季節には講演を断るむのが、一月一九日、特別の思いで東北新幹線に乗った。北上駅で降りてさらに在来線に乗る。奥羽山地の懐にある西和賀町は一面の銀世界だった。この町にはむのが話していた文化創造館銀河ホールという木造の美しい劇場があり、地方演劇や市民活動の拠点となってきた。雪に包まれるといっそう木の温かさを感じるすばらしい建物だった。そこで開かれたむのたけじ一〇一歳記念講演に、地域のたくさんの人々がぽつぽつとやってきた。客席三八〇程の会場がほぼ埋まった。

「戦後、横手へ帰って、この西和賀郡湯田町や沢内村に来て聞いたのは、この地域ではお医者さんにかかるのは病気を治してもらうためじゃなく、死亡診断書を書いてもらうためだというんだな。

　同じようなことは秋田の農村でもあった。そういう時に沢内村の村長さんが村民と相談して県庁や国家の世話にはならない、沢内村では村中が病気から脱却できるように俺たちが自分たちで責任持つと言って、社会保障や社会福祉がまだ全国でそれほど進まない時代に見事な医療や介護の制度をこしらえた。それが『自分たちで生命を守った村』（菊地武雄著、岩波新書）でも書かれて全国に飛ぶように売れた。その時は東北の人間であることを誇りに思ったもんな。

　当時は社会保障、社会福祉といえば岩手の山奥の沢内がやっているじゃないか、理屈じゃない、頑張ればできるんだ、と全国に知られたんだ。そのころ私は横手でたいまつ新聞を出しておって、妙なことで役場の人と知り合いになった。文化事業の担当者でした。それでたいまつと交流があった。それから役場で広報を出すことになった。その広報をたいまつ新聞にしてくれというんですよ。一号から八〇号まで続けたな。小さなタブロイド判で二ページから四ページの粗末なものだった。それが全国から四〇〇〇以上集まった広報誌のコンクールでトップになったもんな。地方政治でのデモクラシーをやってこの西和賀が日本中に認められた。そういう動きの中から、劇団ができたり、今こうして話をしている場所もできたわけですな」

戦後の民主化や地方自治の精神を体現した沢内村の歴史があった。旧沢内村は湯田町と町村合併して現在は西和賀町となっている。岩手県の南西部、奥羽山脈の山あいの旧沢内村は、冬は三メートルを超える積雪がある。村の歴史は豪雪、病気、貧困の「三悪」との闘いだったという。寒さに早死にする赤ん坊、貧しくて医者にかかれず自殺する老人。その厳しい環境で生きる村民を支えたのが、日本国憲法だった。

一九五七年に就任した深沢晟雄《まさお》村長は、全国で初めて乳児と高齢者の医療費無料化を実現した人物だ。国や県から、国民健康保険法に違反すると指摘されたが、「法の下の平等」を定めた憲法一四条、「健康で文化的な最低限度の生活」を保障する二五条を盾に、憲法には違反してないと押し通したという。

高価なブルドーザーを購入しての除雪作業、沢内病院への若い優秀な医師の招聘。深沢村長の進めた政策は「生命行政」と評価され、一九六二年には全国初の乳児死亡率ゼロも達成された。人はみな平等だ、生命に格差はないという精神が深沢村長の原点だった。

当時の教育長で、その後に村長を二〇年間務めた太田祖電《そでん》も老人医療費無料を守り抜いた。二人に共通したのは、与えられた生命を燃焼し尽くすまで守る、そんな村にしたいという気持ちだったという。半世紀前の沢内村で行われた人間尊重の歴史をもう一度思い出して、地域に生きる皆の生きる糧にしてほしいと、むのは高らかに謳いあげた。

「今の地球人口は七三億人といわれているけど、その中で私は俺一人だもんな。みんなそうだけど、そんなことを考えたことありますか。

今、世界中から最新の機械をここへ持ってきてあらゆる材料集めて、お金を使って私という人間をもう一人作ろうと、世界中の科学者にやらせてもできっこないでしょ。俺の命は俺一人分、それで俺が死ねば消えちゃう。

それを考えたら自分というものはどんなにかけがえのないものであるかがわかるじゃないですか。そうなれば愚痴を言ったり、不平を言ってはいけないな。納得がいく生き方をしなければいけないと思うんじゃないですか。

つまりかけがえのない自分に気づいてそれについて誇りと責任を持つ。それで本当の人間になる。八〇年も新聞記者をやってきて、何千何万という人に出会って名刺を交換してきた。そういう中で信頼できた人、あの人には教えられたな、あの人とはもう一回会ってみたいなと思うような心を惹かれる人は、みな自分に誇りを持っている人だもんな。自分で自分をバカにしないでそれだけの努力もする。そういう人が何年経っても、あーあの人にまた会いたいなと思える人間の魅力を持った人だと思います。七三億人の中の一人だけど、俺は俺一人だ、地球のどこにもいないんだという誇りを持ちたいですね。そう思うと人が変わってきますね。一〇〇年生きてきていろんなことを考えてきて一番つまらないのは中途半端な態度ですな。生き方、やり方。もし迷ったら迷ったままにずっとしておく。格好を整えて中途半端なやり方はやらない。指一本動かさない」

一〇一歳の誕生日に、郷土の先達の理想を世代を超えて伝えたいと語った。半世紀も前に沢内村で出会った仲間は今はもう世を去っている。西和賀地域全体の人口は多い時代は一万三〇〇〇人だったが、現在は六〇〇〇人に満たない。地域主義や地域創生の掛け声だけは勇ましいが、国の政策の実体は町や村が疲弊することに数十年も歯止めをかけていない。戦争が終わり、新しい民主主義や憲法の精神に励まされて、中央に対抗して信念を貫いた地方人。その歴史さえ忘れ去られようとしているが、過去を語ることで長生きした責任を全うしようとするむのたけじの使命感を感じた。

一〇〇歳の言葉を一三歳に

先にも書いたように一年前の一月二日、むの一〇〇歳の誕生日も取材した。二〇一五年は敗戦から七〇年、朝九時ごろに自宅に着いた。外にカメラを構えたテレビ取材陣が待っている。一〇〇歳の節目を迎えたむのたけじにメディアは注目していた。

まずお正月のお祝いにお部屋にうかがった。むのは絣《かすり》の半纏を着て机には一〇年前に亡くなった妻、美江さんの写真が置かれ、三人分のお節料理が並んでいた。手作りだ。大策さんがこしらえたのかと思わず聞いた。母が亡くなる一年前に教えていった味だという。大策さんは結婚前は銀行に勤める女性だった。大策さんに伝えたおせちは、結婚後に知り合いの料理屋さんから手ほどきを受けた本格的な料理だった。

「美江さんです。乾杯、乾杯……

かーちゃん、俺は一〇〇歳まで生きた！　どうもどうも、まだまだ生きて頑張るよ！

美江さんは九二で死んじゃったもんな」

お正月なのに、父と息子だけなので聞いてみると事情があるらしい。母亡き後は、五人兄弟がいつも盆暮れにそろう家族ではないようだ。

「家族には風邪ひいた人もいるらしいので。それに私が一〇〇歳でおめでたいなんていう気持ちがないもんだから。全然そういうふうなことも、親戚ではあまり騒がないもんだから」

大策さんによれば、むのたけじは子育てに関しては迷いだらけで、子どもに自分の考えを押しつける横暴な父親だったという。しかし、三八歳で生まれた末っ子の大策さんには、上の兄弟とは違った接し方をするようになり、ぎくしゃくした家族になってしまったという。

むのたけじの本心は子どもに期待し、子どもを大切にしたいという思いだった。この年に出版する著書について、とても期待していると話す。

「こんど私の全集出すの。一三歳以下の子どもを相手にしたもので、私の言葉を一三歳でもわかるように書き換えてくれる人が現れたの。で、私のこれまで書いたのを、彼女に書き換えさせている。

小さな本屋（出版社）だけど、担当の女性編集者に一回会ってすごい能力を持っていると思った。それがうまくいけば、私の社会観や人生観をわかりやすい言葉にできる。私も非常に意味があると思う。

私がそれに興奮するのは、イソップ物語って、世界中の子どもに人生を考えるテキストになっているけど、今の世界情勢の中で新しいイソップ物語を生まなきゃいけないんじゃないかと持ちかけたことがあるが、そういう仕事につながるといいなと思って。

一〇〇歳を一三歳にぶつけるというね、その仕事がうまくいくか期待しています。わくわくしていますよ。たまたま文科省が今年四月から小中学校の大胆な教育改革をするんだけど、その一つで道徳読本を作るらしい。そういうのと重なって参考本になるか、そういう楽しみもあります」

自分の命は自分で守る

新著は『むのたけじ　１００歳のジャーナリストからきみへ』と題されて汐文社から全五巻で発売された。そんなことを話しているうちに記者やカメラマンも部屋に上がり、いよいよむのたけじの一〇〇歳誕生日の取材が始まった。共同取材なので、新聞記者とテレビ局のカメラが座敷にずらりと並んで、むのにマイクをむける。むのは、「今日は何でも好きなことを聞いてください」と上機嫌だ。ソファーから立ち上がり座敷へ移動する。

ところがどうも目が怪しいようで、カメラに背を向けて後ろ向きに座ってしまった。壁に向かって、「遠慮なく聞いてください。なんでもいいです。皆さんへの感謝の気持ちです。時間の許す限り聞いてください」と話が始まった。

「むのさん、カメラはこっちですよ」と言われて、どっこいしょと座りなおす。皆がアレアレという顔だったが本人は堂々としている。

最初の質問は秋田の民放テレビ局から、まず視聴者への一分間のメッセージといわれて口を開いた。

「私は一九一五年一月二日生まれ。今日は二〇一五年の一月二日。ちょうど一〇〇年生きてきたところです。ジャーナリストとしての道をずっと歩いてきましたが、やっぱり気になるのは戦争です。

戦争を経験した者として、戦争をなくしたい、そして、人間らしい喜びに満ちた生き方、世の中を願って、戦争に殺されるよりは、戦争を死なせるためにと思って今日まで生きてきました。

一〇〇歳ですから先は短いと思いますが、私が生きているうちに戦争をなくすのはできそうもないけど、命ある限り平和な人類の社会を作り上げるために、とにかく最後の日まで頑張り通していこうと思います。それは偉い人にやってもらうんではなく、皆当たり前の人たちが、自分の生活感覚で、これはやるべきだ、これをやってはならん、そうした自分の声を聞いて、とことん真剣に生きて、平和な世の中を作りたいと思います。いいですか？」

次は埼玉新聞の編集長より代表質問的にインタビューが始まった。一〇〇歳ということで長寿の秘訣は何ですかという質問から始まった。

「子どもの時代、青年時代、怪我はあるけどほとんど病気をしなかった。中学生時代に二里を春夏秋冬、四年ぐらいてくてく歩いていたから、それが元気の秘訣じゃないかと医者に言われたことがある。

九〇になって知っている人から長生きの秘訣は何かと聞かれたが、『よく眠り、よく食べること』と言っていました。ところが、六〇歳から眼底出血、八〇歳から胃がん、肺がん、心臓に水がたまる……。次々襲われて、四つとも乗り越えたのは不思議に思うんですが。

まあ、参考になるかわからないけど、私はやっぱり、自分の命は自分で守ると。息子の関係で順天堂大学に世話になって、むこうは専門家だから薬や手術をどうするか、聞いて納得すればその通りにするけれど、やっぱり自分に言い聞かせていたのは、自分の命は自分で守らなきゃいかんのだと。胃がんは残った分をくっつけた、肺がんは放射線治療したが三割残っていると言われた。

で、笑い話ですが、あるとき寝ながら、がん細胞に語りかけたんですよ。細胞にも男と女があるだろうから、『こらこら、がん太、がん子さん、おまえらそこにいるらしいが、ほどほどにして遊んでおくれよ。あまり急ぐと、火葬場に早く連れて行かれて、俺もおまえも灰になっちゃうから』なんてね。

とにかく命の第一責任は自分だということで、プラスマイナスいろいろなことを自分で心がけることを言い聞かせながら努力したことが、八〇から九〇で重い病気を乗り越えた理由じゃないかと。

その証拠に、胃がん、肺がん、いろいろやって、ノミに食われたような痛みも感じたことがないの。一度も。本当に皆不思議だという。だから、自分の命に対して怯えずに、激励したりなだめたりするのが、一〇〇歳まで生きた私の場合の秘訣。だって私、長生きし

だから、奇跡のような変化を自分で起こそうと本人が努力する。奇跡は起こるものではなく、起こすものだというのが私の言葉です。そうやって努力すれば、私のように四五歳で歯が一本もなくなっても、どっこい一〇〇まで生きた。そういう努力があるということよ。

長生きのコツは何かって、自分の身体にあうように工夫すれば生きられるんじゃないですか？　だって今の平均寿命は男女ともに過去最高。人類が七〇〇万年前に誕生したときの平均寿命は三〇歳。それが七〇〇万年かかって五〇歳延びた。各人が自分の命、生活に責任を持って頑張ればね。私の一〇〇歳はそういう意味ではね、自分を労っている、いい子いい子、よく生きてきたと思っているよ。今は余裕なんてないけど、とにかく悪条件を持ちながらここまで来ましたもんねー」

相手を裏切らない

続いて日本経済新聞記者の「また戦争前と同じ空気になっていると感じますか」という質問。

「感じますね。先だっての選挙で、自民党が勝って、民主党が負けたとかいうけど、裁かれたのはそこじゃない。裁かれたのは、主権者とされる我々国民なんだ。四八%の人間が主権者でありながら、投票に足を運ばなかった。足を運んだ連中は自民党びいきが多いから、自民党が勝った。自民党が嫌だと思っても、他にとってかわる政権が出てくる可能性が見えないから、良心的な人間は棄権したんでしょう。それで、安倍(晋三政権)を勝たせた。その責任は政治家の問題じゃない!

我々が、我々一人一人が自分の命を戦争に売っちゃったんだよ! このままでいったら、またとんでもない過ちを犯す危険性があるから、とにかく死ぬわけにはいかないと思って、声を出して言えるときは言っているわけ」

——国会では自民党や公明党の与党が三分の二をとりましたよね。憲法改正が視野に入ってきますすね。

「大いにありうるわけだ。安倍はそれを狙っているけど、いま早めにそれを出せば国民に反発されるから、景気をよくするということを表面に立てて、来年の後半あたり、軍国体制に戻そうとしている。どうしても内閣がやろうとするなら、次々につぶしていくしかないですよ。何もデモ行進なんてしなくてもいいんだよ。現場の生活の現場の中でお互い話をして、選挙に行って思いのままやれば、九〇%が行けば軍国体制が通る心配はありませんよ。

あと、もう一つマスコミが間違っているのは、若い世代が破れかぶれで戦争賛成と騒ぐことを取り上げること。歓迎するムードがあるというけど、それはそういう可能性はあるけど、主流じゃないね。主流はまがりなりにも憲法九条を守り、戦争をしない、させないという声。平和のありがたさ、尊さは、今の三〇歳から下の連中には相当強く染みこんでいる。自民党は一八歳からの投票を認めて、若い人を入れることによって軍国体制がやりやすくなるという評論をする人もいるけど、私は小学生、中学生、それからもっと小さい子どものいるお母さんは、自民党の思うようにはいかないと思う」

——あきらめようと思ったことは？

「ないね。あきらめるようなことは思わない。二一歳から今までジャーナリストとして何を心がけてきたかというと二つですね。記者としては、取材した相手の信頼を絶対裏切らないということ。取材をすると、相手にいいことばかりじゃないでしょ。世間から非難されるようなことで会いに行く場合もある。そういう場合であっても、相手の言いたいことをストレートに文章にして書く。

二度目に行ったときに『二度と来るな』と言わせない。八〇年間やっていながら、それはないね。とにかく、相手が喜ぶ記事もあれば、喜ばない記事もあるけど、喜ばない記事でも相手を納得させるだけの努力はきちっとやらなきゃいかんと思う」

100歳のバースデーケーキを前に笑顔

死ぬのもめでたいのがいい

一連の取材を終えて、歩いて五分ほどの行きつけのお寿司屋さんに移動した。むのはお寿司が好物だ。歯はないが、歯ぐきが歯の代わりでなんでもゆっくり噛みしめて食べると味もよくわかるし美味しいそうだ。お寿司屋さんが一〇〇歳のお祝いに一〇〇本の蠟燭《ろうそく》を立てたバースデーケーキを準備してくれた。蠟燭の明かりに照らされてむのの顔は光り輝いていた。

「こんなに長生きすると思わなかった。人間の一生の中には終始一貫とか初志貫徹とか、ものを貫くのがいいという考えがあるでしょ。生まれるときはめでたくて、死ぬときは寂しいというのはおかしいでしょ。生まれるのがめでたいなら、死ぬのもめでたいのがいい。

自分が死んだときに、本当に喜んでもらいたい。夜寝ながらニコニコしながら寝ようとするが、全然できない。息子に聞いたら、笑いながら死んだ人はいない、そういう身体の使い方はないというの。だからなおさら、笑いながら死にたいと思っている」

第八章

死ぬ時、そこが生涯のてっぺん

2016年５月３日の憲法集会で演説（写真・共同通信社）

孔子に戦いを挑んだ魯迅

むのたけじが生涯にわたって惹かれていた国は中国だった。朝日新聞時代には会社の了解を得て、午後五時に勤めを終えると、夜学に通い、中国語を学んだ。外国語学校ではスペイン語だけではなくフランス語、中国語も勉強した。中国への関心は毛沢東に惹かれたということもあるが、一番好きな作家が魯迅だったことが大きかった。むのが晩年、暮らしていた埼玉の部屋には魯迅の肖像画がかかっている。

――むのさんの中国への思いの核が魯迅だと聞きました。なぜ魯迅に惹かれたのですか？　魯迅は中国の留学生として仙台で医学を学んでいましたね。仙台時代に魯迅は文学者として立ちたいと決意しています。むのさんの原点には東北がいつもありますが、魯迅への親近感もそのあたりにあるのでしょうか。

「代表作は『阿Q正伝』ですね。主人公は民衆の愚かさ、賢さを持った普通の人間ですが、その人間に小説の中でいろいろな動きをさせるわけですね。たとえば、非常に馬鹿げた、自分より弱い者に会うと、嵩《かさ》にかかって侮辱を与える。女性が帰ってくると、スケベなことを言う。そういう人間を扱いながら、魯迅は阿Qという人間を侮辱して捨てるのではなく、こういう人間にもまともになる可能性があると、耕すような目で描いている。そういう文学作品だと思った。それで、この人は違うなと。それで心を惹かれて読むようになった。

最も惹かれたのは、論語を真っ正面から敵視したことだな。孔子を真っ正面から叩いたのが彼で、私も本当にそうだと思ったの。中学校で漢文を習いながら、この人はおかしいぞと。『中庸』でしょ。左の端にも右の端にも行くな、真ん中で行くのがいい道徳だと。ところが私は貧乏人の子で、権力支配を受けてきて、それはとんでもないと思っていた。

貧乏人が問題を突き詰めて考えて勝負してこそ、世の中を変えられる。真ん中でプラプラやっているのはごまかしだと思ってね。だから私は孔子の論語はごまかしだと思っている。その証拠に、あの子孫がいま七九代目かな？　あそこだけが皇帝が使う雲の幕の寝具を使っている。そこへ真っ向から戦いを挑んだのは魯迅さん。そこに私は惹かれたの。

上海には、魯迅さんが亡くなった魯迅故居（魯迅が昔住んだ家）が残っていて、中国人はほとんど行かないけど、日本人の文化人はそこにいく。我々も訪ねたら、同じベッドじゃないけど似たようなのに、魯迅さんはここで亡くなりましたと書いてあって、手を触れないでくださいと監視人がいった。

それはわかるんだけど、私はこの人が好きなものだから、どうしても手で触れてその感情を日本に持って帰りたいから、勝手に触れますがごめんしてねと言って、それから手でベッドの四隅をあせが出るほど触れました。好きなのです。貧乏人のどん底にまで目を通した文学です。

――日本人は論語が大好きだし、人間としても、社会の規範としても論語を尊重しているように思いますが。

「日本の権力階級が民衆を支配するのに使われていますね。だから徳川時代から学校の教科書でずっと使われているでしょ。民衆を支配する権力にとって、これほど都合のいい味方はいないわけだ。中庸の考え方。なんでも中途半端。で、私は、生きようとするならとことんやれと。仕事をやるならとことんやれと。中途半端はやめろと言っているわけです。それは一致しているわけです。やらないなら指一本動かすな。やるなら死にもの狂い、命がけ。私は命がけ、死にもの狂いって好きなんですよ」

「希望も絶望もともにホント」

魯迅の没年は一九三六年。むのが報知新聞に入社した年である。日中戦争が始まる前年なので、魯迅は日本との戦争は知らない。魯迅は小説、翻訳、思想など多様なジャンルで筆をふるった中国現代文学の第一人者であるが、興味深いことにたくさんの名言（警句）を残している。そこでも、むのは魯迅の影響を強く受けている。『詞集たいまつ』は、週刊新聞「たいまつ」の巻頭を飾っていた、むのたけじ語録である。魯迅という文豪から励まされ、日本人に希望を与えたいと願ったむのたけじ。二人の作家は共鳴し響き合っていた。

「絶望は虚妄だ、希望がそうであるように（魯迅）」

「希望とは、もともとあるものともいえぬし、ないものともいえない。それは地上の道のようなものである。もともと地上には道はない。歩く人が多くなれば、それが道になるのだ（魯迅）」

「人々が寂寥を感じたとき、創作がうまれる。空漠を感じては創作はうまれない。愛するものがもう何もないからだ。所詮、創作は愛にもとづく（魯迅）」

「予言者、すなわち先覚者は、つねに故国に容れられず、また同時代人からも迫害を受ける。大人物もつねにそうだ。かれが人々から尊敬され、礼賛されるときは、かならず死んでいるか、沈黙しているか、それとも眼前にいないかである（魯迅）」

むのたけじの書くもの、生き方には魯迅の影響を感じるものが多い。むのは「週刊たいまつ」の一面の題字の横に「炬火《かがりび》」という欄を作って短い言葉を書き続けた。それは『詞集たいまつ』として、何冊かの本にまとめられている、その一部である。

「へたばったら、へたばればいいのだ。へたばりきるのだ。一〇回失敗して、一一回立ち上るのなら、事はすでに成就している」

「イネは夜に育つ、誰にも見られていないときに。自分ひとりのときにするかしないかで成長するかしないかが決まる」

「脱皮しない蛇は死ぬ。脱皮しない人間は他人を死なせる」

「たいまつは何にも依存しない。自分で自分を燃やす。自分で燃えながらどこでも照らす。照らしながら周りを温める。だれでもたいまつをつくることができる」

寝起きする部屋の目の前に魯迅の肖像を置いているのは、特別な存在だという証拠だ。

「やっぱり好きというのに説明はないんじゃない？　もう一人自分がいるような……。もう一人の自分には、言いたいことが何でも言える。実際に魯迅さんが生きていて話をすれば意見が合わないこともいっぱいあるだろうけど、仮にそうであっても構わない。

仙台の公園に魯迅を記念した木が植えられたんです。そこに行って、一生懸命手入れしたのは私ですよ。横手から仙台に行ったときに真っ先に駆けつけ、木を手入れした。何か他人という気がしないんだな。

魯迅は希望という言葉をよく使いますが、魯迅は希望を作ろうとした人でしょ？　我々もそうですよ。もらうんじゃなくて、作るんだよ。希望をもらおうという人はいるけど、自分で作ろうという人がいないわけだ。『たいまつ』は、自分を燃やせば光るんだもんな。魯迅も、そういう人生だったんじゃないかな。亡くなったときは枕元に日本人の医師と、奥さんと、書店のおやじと三人はいたはず。弔いをやるといったら、民族魂という文字を書いた白い布をぶら下げて、その下に学生・労働者三〇〇〇人が集まって行進したという。そうだろうなと思うな」

魯迅は希望という言葉を好んで使った。むのは魯迅は希望を作ろうとした人と話した。その魯迅にこたえたと思われるのが、むのたけじ九六歳の著作『希望は絶望のど真ん中に』（岩波新書）である。

私より三五年先に生まれた人で、私はこの人だけに私の師であるとの感銘を受けて、その作品を読み続けてきた。

たった一つ、何としても私の受け付けない文章がある。『野草』という文集の中の「希望」と題した文章で、魯迅さんは四〇歳代半ばの自身と周囲の社会状況について明暗の交錯する思いをポエムのように述べたあと、ハンガリー詩人の一句を引用して「絶望の虚妄なることは、まさに希望と相同じい」と言った。これに私の脳細胞が反発した。

「魯迅さんよ、絶望も希望もウソだというのですか。それならそうと断定して、人生の大切な問題を希望だの絶望だのと形容詞のような名詞なんかでは考えないで、ズバリその実体と格闘したら、と言ったらどうですか」と反発した。以来、この一句をめぐって魯迅さんとの対論、討論を繰り返したあとで私自身は『希望も絶望も共にホント』と認識し、更に経験と省察を加えて、この本のタイトルに掲げた判断に到達した。魯迅の一生の長さは五五年でしたが、それに一五年をプラスした年数をかけて、やっとそこに到達した。(『希望は絶望のど真ん中に』)

一〇一歳まで生きるということはこういうことなのか。二六歳で魯迅の言葉に触れて、むのたけじは七五年後にひとつの答えを出した。長い時間を使って生み出したむのたけじの確信は、多くの人の心に沁み入って勇気をくれるだろう。むのは自分に残された時間を、自らの言葉を支えとして生きてきた。

戦争はなぜ始まったか

一〇一歳の誕生日を過ぎ、五ヵ月間、発病までの短い時間の中で、密度の濃い熱量の高い言葉が発せられた。そのひとつは、入院の三週間前に実現した早稲田大学での対話集会である。息子の大策さんによれば、むのは講演会の前にはその日に話すことを実際に口にして繰り返し準備していたという。特にこの日の早大生との対話には期待していた。

撮影のため大隈講堂の前で到着を待った。むのは早稲田の歴史に思い入れがある。日中戦争に前後して秋田の小作争議や農民の権利を主張する運動があり、治安維持法などで弾圧されたが、その指導者に東大と並んで早稲田出身者が多かったとまず語った。長い取材のなかでもこの日はむののテンションは高かった。その様子は映画『笑う101歳×2　笹本恒子　むのたけじ』に映る表情に表れている。むのは教室に向かうエレベータでこんな話を始めた。

「朝日新聞では過去のある時期、記者の六四%が早稲田だったってことが、あるんだそうですな」

——在野の精神ってあると思いますか?

「それがあるのか、ないのか。今の若い学生にあるのかどうか、見てみたいと思うんです。だからあなたは好きなように、映画がうまくいくように、いろいろ注文なさっても結構です。そこをもっと言えとかね」


教室には三〇人ほどのジャーナリズム研究科のゼミ生が待機していた。それぞれの学生はむのの著書を読んで質問を用意し、最初から真剣な対話が交わされた。

四年生が最初に口を開いた。


——僕も含めて、若者は戦争を知らない世代と言われていますし、戦争がいけないっていうのは頭でわかっているんですけれども、たとえば、ニュースで流れるシリアの戦争の悲惨さをあまり理解できていないところがあって。そういうリアリティを持てていないのは僕らの想像力不足でもあると思うんですけども、メディア側としてもっと悲惨な風景を流した方がいいんじゃないかなと僕は思うんです。

むのは身を乗り出した。

「この中にはジャーナリズムの世界で今後働こうと思っている方が多いと思います。私はちょうどいまから八〇年前の四月に東京外国語学校を出て、有楽町の新聞街で働き始めました。二一歳でした。それから八〇年ジャーナリズムの道をぽつぽつ歩いてきたわけですが、新聞記者になって半年、一年経ったら、どうやらしくじりをしたなと思ったんです。

それは何かと言うと、小学校へ六年、中学校へ五年、外語へ四年。合計一五年間学校へ通って二一歳で社会人になったわけだけども、ジャーナリズムの仕事をするのに必要な大事なことを学校では全く習わなかったなと。

そんなことにも気づかずにこの道に入ったのは、えらい失敗だなと思ったんです。それはどういうことだと思いますか？　質問に答えて言うと、あなたに私は、問い返しますが、人類が戦争をやり始めたのはいつからですか？

質問した学生に対して、逆にむのから問いが投げられた。

――ずっと前から。

「ずっと前とはどういうことですか？　人類ができた時すぐやったんですか？」

――自分たちの家族を守るために。

「あー、家族を守るために。はい。それは何年くらい前だと思いますか？」

――わからないですね。

「ずっと前からと抽象的に答えられたけど、それじゃ困るんですよ。私がジャーナリストになるならば、勉強しなきゃいけなかったのは、考古学。今は文化人類学とか言うんだけれども、人類が地球上に現れてから、今日まで生存する間にいったい何があったのか、何がなかったのか。これは地理や歴史といった普通の勉強を教える学校では身につかないことです。それを書物を読んで調べなければいけなかったなぁって」

むのたけじは、戦争を人類史のものさしで語る。人類の誕生から七〇〇万年。諸説あるが西アジアで農耕が始まったのが約一万年前。農作物が余れば富を生み、富は権力を生む。権力は自己主張を始める。五〇〇〇万年前に権力が生まれ、戦争が始まった。それ以前の六九九万年間は小さな争いはあっても戦争はなかった。むのの見方は、だから戦争は人類にもともと備わった本性ではないから、戦争がない時代、平和をもう一度作り上げることができるはずだという希望の主張になっている。

むのは学生にこう話した。

「あなたは、まず人類は家族のために食い物を欲しがって隣の家へ盗みに行ったり、そういうところから戦争が始まったんだろうと簡単におっしゃるけど、そんなもんじゃない。社会現象なんだ。権力の発生が国家を生み、国家が戦争をやりだした。したがって、現在でも農業協同組合は戦争できません。早稲田大学がいくら軍隊作ったって戦争できません」

戦争はいつ始まったのか。むのの根源的な問題提起にある考えを実証する裏付けはあるのだろうかと思った。考古学や人類学でも戦争の起源は大きなテーマとなっている。その証拠の一つは発掘された人骨である。受傷した人骨がある時期に集中すれば大規模な争いがあったと推測される。山口大学の中尾央《ひさし》助教の研究によれば縄文時代の出土した人骨の中で、鏃《やじり》が刺さったままの人骨や頭蓋骨に投打された穴がある人骨などの割合は二％以下という報告がある。

この割合をどう見るかであるが、石器時代には殺傷力がある武器がなく、組織的な大きな争いもなかったと考える一つの根拠となっている。学術的にはまだ結論は出ていないが、むのたけじは専門家の研究成果を踏まえながら、人類史の中で戦争というテーマを考えてきた。むのは歴史を学ぶことで戦争の本質が明らかになると話を続けた。

「地球上で戦争できるのは、国家だけが認められている。国家権力、国家の権力の行使として認める。それじゃ早稲田大学のあなた方に聞く、そういうことをいつ人類はどこの会議、どこの文書で認めましたか？　悪いことだけどやむを得ない、認めましょうと言ったことがいつどこでありますか。

（大きく手を振りながら）一度もない。全然ない。国際裁判所とか国際連盟とか国際連合とかいろいろあるけれども、戦争を国家のやむを得ない権利として認めることを人類は一度も協定していません」

若者に戦争責任はあるか

歴史上、戦争を肯定する法律も倫理もない以上、国が戦争に踏み出すためには大義名分が必要になる。聖戦、八紘一宇、アジア解放などの国策を正当化する言葉が繰り返され、国民は洗脳されてしまう。反対者は非国民のレッテルが貼られて弾圧される。アメリカはイラク戦争で、フセインが保有する核兵器や化学兵器への危機感をあおり、テロ国家との戦争に反対する平和主義はテロに加担する敵だと恫喝《どうかつ》した。危機が迫っていると訴え、愛国心をあおり、戦争を歓迎する世論が作られていく。戦争には長い準備期間がある。むのはそこを語った。

学生は質問した。

――むのさんは、自分たちの生まれる前に起きた戦争には責任がないとおっしゃっていたと思うんですけれども、私はそうは考えていなくて、若者もある種の戦争責任があると思います。私は若者には、戦争を繰り返さないという戦争への責任があると思います。むのさんもご自身の著書で、現代の日本が、戦争に進むには準備期間が必要で、法整備が必要になってくるって書かれていたんですけれど、いま現代の状況として安保関連法とか特定秘密保護法が戦争法になるのか私は聞きたいです。

「あなたは戦争責任というものを考え、そして現代の戦争をなくす、やめさせるっていう努力のなかで日本人として過去の戦争責任につなげようという行為を実行できると考えているんですか？　そうですね？

そうだと言えば私は賛成です。要するに過去ではなく未来の戦争をなくす日まで、戦争と闘うわけで、それは皆つながっているわけです。国家権力は、必ず言葉を飾って、戦争はやりません、民衆の幸福を願っていますよというフリをするの。権力がすり替えてくるなら我々もまっすぐに戦うのをやめましょう。すりぬけて行く。権力がごまかすなら、犠牲にならないように、すりぬけて権力に勝ってやろう」

むのたけじは戦争がいったん始まってしまうとジャーナリズムは死んでしまうと語る。戦前の報道が大本営発表の嘘で塗り固められていたのは、それしか道がなかったからである。個々のジャーナリストが怠けたり、日和《ひよ》っていたわけではなく、戦争遂行の構造的な問題である。レジスタンスや地下新聞に対し、権力はすさまじい弾圧を加え圧殺しようとする。そもそも敵との戦いを前提とする軍事行動はすべてが秘密裏に進められていく。戦争に勝つためには自国の軍事施設、軍備、兵器、部隊編成、戦況などは最大の秘密となる。そこに真実を伝える自由はない。秘密保護法、治安維持法などで国民には知る自由も、知らせる自由もなくなる。反対する者は、非国民であり、敵の味方だと断罪する。

だから、むのは主張する。戦争をやめさせようとするには、始める前にあらゆる方法で力を尽くして始めさせないことだと。それ以外に選択肢はない。

「始めてしまったら、過去の事実が示すとおり、もうどうにもなりません。第三次世界大戦を絶対に起こさせない。おそらく、それを決める要素として、アメリカ合衆国、中国、ロシア、この三国が二対一につるむかつるまないか。そういう国際情勢を作るうえで、我々日本人がやるべきことはたくさんあるはずです。今日ここに集まった全員で、平和な日本の道しるべ、過去七〇年間、一人の戦死者も国民から出さず、他国民の誰をも戦死させなかった歴史事実を壊そうとする企みを打ち砕いて、平和な人類生活を守り育てるために、精一杯頑張ってやろうじゃありませんか」

ジャーナリズムと商業主義

対話集会で、ある学生が同世代のＳＥＡＬＤｓについて質問した。その中で、実は学生の多くがＳＥＡＬＤｓはあまり好きではないという発言があった。若い世代に感情的な反発心があることの理由はどこにあるのだろうか。

――僕がＳＥＡＬＤｓに関わってくるのが、むのさんがさっきおっしゃったすり抜けとすり替えの国民性の現れなんじゃないかと思っていまして、なぜかと言うと、ＳＥＡＬＤｓがメディアに取り上げられる方法が、ある一面を切り取っただけのもので、それがすり替えの国民性の現代版になるんじゃないかと思うんです。

むのは答えた。

「非常に大事な問題で、そういう疑問も出るのは当然だと思います。それは解釈の問題ではなくて、事実はこれから示されていくと思いますけれども、なぜそういう疑問を持ったのですか？　彼らは非常に立派なこと言ってるわけですけれど、本当は過去の先輩たちがやってきたように、問題から逃げてるんじゃないか、あるいは自分たちが話題の中心になって、心を満たしているんじゃないかと思った原因はなんですか？」

――そうですね、正しくは、そのＳＥＡＬＤｓが利用されちゃってるんじゃないか、利用している側はメディアじゃないかと思います。SEALDsの報道で、あのデモの集団の中に共産党の宣伝の幟《のぼり》があがってるシーンが報道されたりして、そこからメディアの言いたいことの手足として利用されてるんじゃないかなと思えて、それがメディア側のすり替えなんじゃないかなと思っていたんですけれども。

「それはありうると思います。だけどそれが本質なのか、その状況が今後続いていくのか、ここが問題です。私の言葉で言えば、ジャーナリズムがあまりにも本来の任務をやらなさすぎて、自分たちが叫びをあげなければいけないのを、世間の話題、トピックスにすり替えている。

それは何なのかというと、商業主義です。かつてアメリカで『LIFE』という雑誌が、八〇〇万部出るといった時にやめた。これは何か。ジャーナリズムは商業主義と手をつないでしまうと必ず腐るんです。そういう意味では、あなたが言った、日本の俗に言うマスコミ、メディアが、若者たちが現れて正義感を持って権力に対して鋭い戦いをしている事実、それを自分たちのやれない仕事の代表として利用している。あるいはそこに政治集団があって、主義・主張を持ったものがそれを利用している。それはありえると思います。ゼロとは言えない。

ただ過去と違うのは何なのか、もしメディアのすり替えがあるとすれば今の若者はそれに気づく。騙され続けない。私は若い人の団体とときどきつながりを持ってやっていますが、大人たちはどう変わったのか、変わらないのか。これを見ながら、自分たちがどう自分たちの世の中を作るかと、本気で考える若者がとても増えた気がします。その意味ではもしあなたの言うような偽の流れ、ごまかしの流れがあるとしたら、その流れが負けると思います」

ゼミ出身の西原孝至君が最後に発言した。彼はテレビ制作会社に勤めながら、ドキュメンタリー映画『わたしの自由について SEALDs 2015』の監督をつとめた。

――楽しくお話聞かせてもらいました。SEALDsのこと僕は去年（二〇一五年）五月に知って、普段はテレビドキュメンタリーの仕事をしているんですけれど、会社とは別に、自主映画で作りました。さっきマスメディアの取り上げ方が、SEALDsの場合は偏った切り取り方をされているというのは、全くその通りで、若い方がただラップ調のコールで騒いでいるって思われているのはメディアの責任だと思うんですよね。数字が獲れるし、本も売れるし、雑誌も売れるってことでそういうふうに切り取っているだけだと思いました。

多くの日本のメディアはもう死んでいるので、ここから皆さんが、こういうジャーナリズムゼミを取って、業界に進みたいと思っていらっしゃるんですけれど、そこからどういうふうに自分の良心と自分の生活と、折り合いをつけて頑張っていくかということが、大変だと思うんですけれど、すごく応援したいなというふうにむのさんのお話を聞いていました。

むのは最後に学生にこう語った。

「気持ちがぱんっといったらトコトンやってみることだな。だからたいまつ新聞を三〇年も続けたのはある意味で、中途半端なやり方すると自分がだめになる、人に迷惑かけるという、それをやっちゃいかんと思った。

私の好きな言葉は、命がけ。やるなら命がけで死にもの狂いでやってごらんなさい。必ずすごいエネルギーが湧いてくる。奇跡は起こらないけど、人間は奇跡を起こすことはできますよ」

戦場の第一線に立てば神経が狂う

むのたけじが急性肺炎で入院したのは、二〇一六年五月九日だった。その六日前の有明防災公園に五万人を集めた「憲法集会」で演説している。野外の舞台で燃えるような九分五〇秒の演説を行った。その迫力は、自分に残された時間が限りあるとの予感があったのではないかと感じる渾身の内容であった。

取材をするうちに気がついたことがある。むのは赤い色へのこだわりがある。講演会などで気分を盛り上げるために着るのが赤いシャツである。その上にもう一枚普通のシャツを着てジャケットを羽織る。本人曰く勝負服だそうだ。大群衆が集まる前で最後に話した憲法集会でも、むのはこの赤いシャツを着ていた。エネルギーの赤なのか、命の色なのか。

二〇一六年五月三日の有明防災公園での「憲法集会」が、むのたけじが人前で話した最後となった。事前に息子の大策さんとこの日話すことを練り上げてきた。テーマは三つ。戦争の本質、戦争は始まったら止められない、憲法九条だった。時間は一〇分。この日、この場所でのむのの顔には気迫があふれていた。

「むのたけじでございます。今日の集まりは戦争を絶滅する目的を実現できる、その力を作る集会です。でもこの会場にお集まりの方々の中で満七〇歳より若い方々は戦争はどういうものかを国内で体験する機会を持ちませんでした。私はジャーナリストとして戦争を国内でも海外でも経験しました。そういう年とった人間としてより若い方々のために短い時間ですが三つのことを申し上げたいと思います。

まず戦争とは何か。それは常識では考えられない狂いですね。私どもは従軍記者として出かけたから武器を一つも持っていません。それでも両軍が戦闘している場所で取材活動をやれば兵隊と全く同じ心境になります。それは何か。相手を殺さなければこちらが死んでしまう。死にたくなければ相手を殺せ。戦場の第一線に立てばもう神経が狂い始めます。

これに耐えうるのはせいぜい三日ぐらいですね。あとはもうどうとでもなれ、本能に導かれるようにして道徳観がつぶれます。だからどこの場所でも戦争があると女性に乱暴したり、ものを盗んだり、証拠を消すために火をつけたりする。これが戦場で戦う兵士の姿です。その兵士を指導する軍のお偉方は何を考えるか、どこの軍隊も同じです。敵の国民をできるだけたくさん、できるだけ早く殺せ、そのために部下を働かせろ、すると勝てる、これが戦争の実態です。

こういう戦争によって社会の正義が実現できるでしょうか。人間の幸福が実現できるでしょうか。できるわけはありません。だからこそ戦争は決して許されない。それを私たち古い世代は許してしまいました。しかも戦争の進み方はまことに恥ずかしい姿でした。

日清戦争以来、一〇年ごとに戦争を続け、昭和六年の満州事変から一五年戦争をやって結局、ナチスドイツと同様ファシズムの日本は一緒くたにされて近現代史に例のない無条件降伏の敗北で戦争を終わらせました。なんとも申し訳ない、特に私どものように新聞の仕事に携わって真実を国民に伝えて道を正すべき人間が何百何千人いて何もできなかった。それはなぜなのか二番目に申したいと思います。

戦争を始めてしまったら止めようがないということを力説したいのです。明治憲法といわれた大日本憲法は最も古めかしい君主制度で、我々国民は憲法の中で国民とも人民ともいわれず臣民、家来でした。戦争が始まってしまって、もし国家の方針に反対することを言ったり書いたりすれば、治安維持法で無期懲役ないしは死刑が決まっていた。そういう状況だったんです。だからこそどういうことになったのか、三番目に私が言いたいことは本当に無様な戦争をやって無様な尻拭いをしてそして残ったのは何か？　憲法九条です。憲法九条は二つの顔を持っています。

マッカーサー司令部から見ればナチスドイツとファッショの日本は国家としては認めな

い、だから交戦権は認めない。戦争はやらせない、軍隊は持たせない。本当に泣いても悔いても足りない程の屈辱だったはずなのに、古い私たち日本人はそれを感じ取りませんでした。それで何だ、私もその一人ですが、この憲法九条こそは人類に希望をもたらす。そういう受け止め方をした。そして七〇年間、国民の誰をも戦死させず、他国民の誰をも戦死させなかった。それが古い世代にできた精一杯のことです。道は間違っていない。

今、国連に加盟している約二〇〇ヵ国のどこの国の憲法にも日本憲法九条と同じ条文はありません。日本だけが星のようにあの九条を高く掲げてこうして働き続けているのです。これが通るかどうか、必ず実現するところう断言します。

それはこの会場の光景が物語っています。御覧なさい、若いエネルギーが燃え上がっているではありませんか（会場拍手）。いたるところに女性たちが立ち上がっているではありませんか。これこそ新しい歴史が大地から動き始めたことなんです。（大拍手）

とことん頑張り抜きましょう。

第三次世界大戦を許すならば地球は動植物の大半を死なせるでしょう。そんなことを許すわけにいきません。戦争を殺さなければ現代の人類は死ぬ資格はない、その覚悟をもってとことん頑張りましょう」

憲法九条を守ってきた重み

最後に語った憲法九条については、誰も指摘していない論点をむのたけじは九〇歳を超えてから気づいたと著書に書いている。この集会でも語っているが九条には二面性があるということだ。補足したい。国家の主権としての交戦権を剝奪する条文は、軍国日本への死刑判決だったという見方である。ファシズム日本が徹底的に国際社会からは断罪された。叩き潰してもいいと考えられたのだろうか。原爆が子どもや女たちの頭上に投下された国は現在まで日本以外にはどこにもない。

しかし、「進歩派は神の御幣のように憲法九条を立派なものとして祀り上げてしまった」(『戦争絶滅へ、人間復活へ』岩波新書)。

ここまでは改憲派の思惑に沿ったような理解にも見え、憲法九条は押し付けられたという考えにつながりかねない。憲法が押し付けられたという常套句は一見もっともなようだが、日本人全体に押し付けられたわけではない。戦争を遂行した軍部、政治家、財閥といった特権階級では、新しい国を作ることができないから新憲法ができあがったのではないか。そもそも明治の開国だって黒船の外圧がなければ起こっていなかったかもしれない。明治以来繰り返されてきた長い戦争で最大の苦痛をあじわった日本人一般は、この憲法に感激し、歓喜して受け取った。

損保大手の経営者として、また日本銀行総裁顧問として、財界の中枢にいて平和と民主主義の日本を求め続けた品川正治《まさじ》の原点は復員船の中で出会った憲法九条だった。

　私は戦地から日本へ帰る復員船の中で、憲法九条と出会った。日本国憲法の草案を伝える、よれよれになった新聞を通じてである。はっきりと二度と戦争はしない、と書いてある。武力をもたないと宣言している。私たちはみな泣いた。戦闘で死んだ戦友の何よりの手向けであったし、傷つけたアジアの人々への贖罪がこれで始まると思った。（『戦後歴程』品川正治）

私が以前に作った映画『天のしずく――辰巳芳子　いのちのスープ』での取材中、新婚で徴兵され、フィリピンで戦死した夫を思い、辰巳さんは「戦争で死にたくなかった若者の命の代償こそが憲法九条なんです」と話してくれた。その考え方を伸ばしていくと、九条を押し付けと決めつける改憲論は戦死者を冒瀆することになるのではないだろうか。しかし、そのように繰り返されてきた問いを超えて、むのたけじは、この憲法の二面性に気が付きそれを逆転する思考を深めていく。否定しつつも、より高いレベルで生かしながら創造的な宣言として保存していくのである。

ところが、一方で、人類がこの地球上で今後も生き続けていくためには、戦争を放棄したあの九条の道を選択する以外にはないといえる。だから、憲法九条を良いほうに考えると〝人類の道しるべ〟だということもできる。人類の輝かしい平和への道しるべであり、同時に日本自身の軍国主義への死刑判決でもある。その両面をもつのが憲法九条なのです。

しかし、敗戦後に生き残った約七〇〇〇万人の日本人は、誰もそのことに気づかなかった。その七〇〇〇万人の日本人は、戦争は苦しかった、つらかった、悲しかった、という経験をもっていますから、GHQから与えられた憲法九条を素直に受けました。でも、憲法九条がもつこうした二重性については、なにも考えなかった。（『戦争絶滅へ、人間復活へ』）

戦後日本は七〇年を超え九条を守り、平和国家であり続けた。むのは、大策さんと有明防災公園の憲法集会での講演の趣旨を確認しながら、「戦後の六〇年安保、三里塚闘争、学園紛争、七〇年安保などがあったが、全部が成功しなかった。それにもかかわらず九条だけは守ってきた事実の重みは限りなく大きい、これはいったい何かを考えたい」と語っている。その時に収録した音声テープには、「七〇年の不戦の歩み、それが日本人の誇りであり、未来への覚悟である」という言葉が残っていた。この憲法集会での有明での渾身のスピーチは、むのたけじの遺言として私たちに託されている。

第九章

笑って死にたい

2016年５月の緊急入院後、一時は生死の境をさまよったが、奇跡的な回復を見せ、「あと三年生きる」と語った

憲法集会を終えて緊急入院

むのたけじの次男の大策さんは細胞生物学などを研究する研究医であった。順天堂大学を定年後は父に寄り添って執筆や講演などを支えてきた。大策さんの存在がむのの寿命を延ばしたといっていい。長く秋田放送でむのを取材してきたディレクターがむのは不死鳥のようだと語ったが、その陰にはいつも大策さんがいた。むのが九五歳になり同居するようになって、二人三脚のように生きてきた。

むのたけじは、五月三日の憲法集会を無事に終えてから、体調が急変した。大策さんによれば、集会以来、不整脈が出るようになった。もともと心臓に水がたまる持病があって定期的に病院に通っており、次の診断予約が五月九日に入っていたのでそれまで自宅で様子を見ていたという。最初は心臓の病気かと思ったが、医師は急性肺炎と診断してそのまま緊急に入院した。急性肺炎といえば、高齢者や免疫力が落ちた人にとっては致命的な病気と言われ、日本人の死亡原因の第三位に位置づけられている。

むのが入院した一週間後から、ほぼ二日に一回は病院へ通った。重病だが、生きるためのさまざまな試みが続けられていた。医師である大策さんがこだわっていたのが、口から

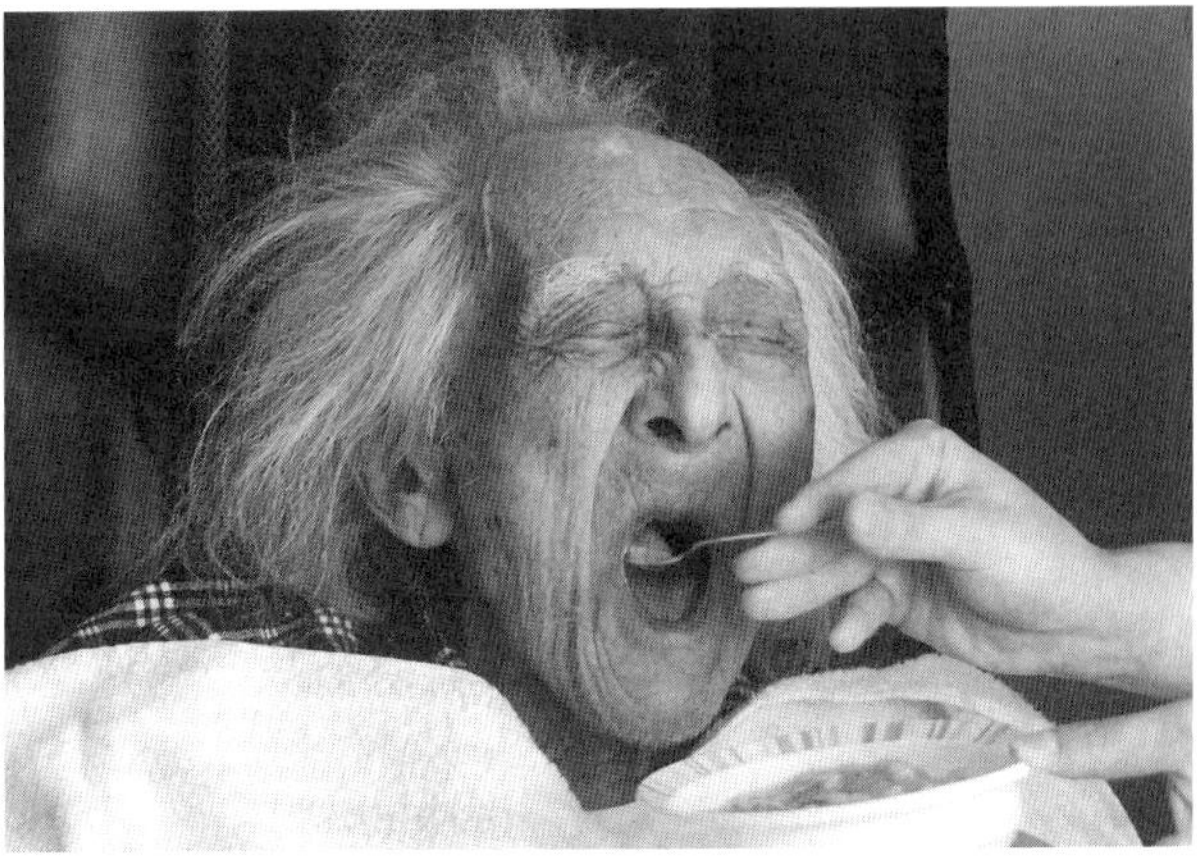

医師である次男の大策さんは口からとる食事にこだわった

とる食事である。食物を誤飲するという肺へのリスクもあるが、口を動かしてのどから食事をとることが回復につながると確信していた。

大策さんは一さじ、一さじを口に運んで咀《そ》嚼《しゃく》するのを我慢強く見守った。時々口を動かすのが億劫になる。嚥《えん》下《か》障害が少し出ていたが、のどを動かして呑み込めるように「ごっくん、ごっくん」と語りかけて励ました。

むのの生命はジャーナリストであり続けることで輝く。意識をはっきりさせ、考えたり頭を使って生きる道を選ぼうと二人で相談し、胃《い》瘻《ろう》や点滴などで栄養だけを身体にとる医療は拒否していた。

実は今までもこのような体調異変は何度も

あった。しかし、そのつど生命力が高まり、回復してきた。大策さんは最初は二週間で退院したいと話し、その自信もあった。むのの意識は病室を見舞うたびに変化があり、ある日ははっきりしていてこのまま回復してほしいと願い、別の日は混迷状態の日もあり、時間とともに変化していく。

むのは入院中にも以前から予定した講演や原稿のことを思い出して気にかけていた。大阪の「絵本で子育てセンター」の仕事が五月末に入っていたが、それまでに退院して講演するのは難しい。そこでビデオメッセージを主催者に送ることにした。

大策さんがスマホで動画を撮影しようとレンズを向けたが、その直後にドクターが様子を見に病室へ入り中断。続いて看護師が薬を確認して、血圧を測った。上が一三八で下が六八。注射針で右上腕部が腫れていた。看護師が「痛みの最大を一〇とするとどれぐらいですか?」と質問した。むのは「三ぐらいです」と答える。仕切りなおして、ではメッセージを撮影しようというと、むのは口の中を拭いてほしいという。話をすると口が渇くのでとろみのついた水で口を潤した。

「むのたけじです。肺炎になって東京の病院に入っています。うかがえなくて本当に申し訳ないと思います。

今では一〇一歳まで生きてこられましたが、何がよかったかというと九五歳を過ぎてからも幼子や小学生や中学生と学ぶ機会がたくさん持てたということです。そこでこれまで気付かなかったこと、人は幼い時に人生の根となり幹となることをすでに身に着けていくのだと確信しました。そのような経験をさせていただき、心からありがたいと思っています。

特に最初から私を呼んでくださった、「絵本で子育てセンター」の皆様には感謝いたします。幼い者たちの根っこが土の中に深く伸びていくことを願い続けています。私は、生きているかぎり皆様を仲間として考え、近いうちにまた講演にうかがいます。頑張りましょう。まだまだ死にませんよ」

「俺は一回死んだ、そこから引き返してきた」

入院から二週間が過ぎた。このまま何事もなければ退院したいと願っていた。大策さんは、肺炎が治れば体液バランスも改善するだろうと予測していた。しかし、想定しないことが起きた。快方に向かっていた肺炎が再発したのである。抗生剤も効いて、症状が軽くなっていた最中だった。

食べ物を誤飲すると気管支に入る可能性もあり、そのこともうかがわれたが、むのたけじの免疫力が落ちたのだろうか。再発は、楽観できない出来事だった。しかし担当する医師の病原菌を特定しようとする努力もあり、治療効果の高い抗生薬を処方すると、目に見えて回復していった。しかしあいかわらず、不整脈はひどく、脈拍や、酸素摂取量をはかる簡単な計器も取り付けられた。

当時の病状は一進一退で、大策さんは自宅から病室に通い、朝は異変が起きていないかとドキドキして病室に入ったという。この時期の武野大策さんのメール。

父の方は、むくみなどの病状も急速に回復は進んでおります。それで、ふたたび車イスにのるなどのリハビリが始まりました。こうした機能回復と共に、どこまで頭が回復するか、これからががんばりだと思います。家に連れて帰ってからのがんばりかな。私はそこが勝負だと思っています。看護師さんからは、退院に向けて、家の環境整備の話をしましょうといわれましたが、今リハビリで変わりつつある中ですから、その様子を見てからと言っています。治ろうが治るまいが入院は三〇〜四〇日と厚生労働省の指針にあるのです。私の心づもりでは、ある程度介助付きで歩くことができるようになれば退院して、家の環境を整えて脳の回復にトライアルしたいと思っているところです。

大策さんの元職場ということもあったのだろうか。一〇一歳とは思えないような治療が根気よく続いた。以前心臓が悪化した時救急車を呼び病院を探したが、一〇〇歳を超える患者だからとどこも入院を断わられたこともあったという。

一進一退のなかで、むのが最も気にしていた横手市での講演が迫ってきた。講演は六月四日、恩師である作家の石坂洋次郎の没後三〇年企画で、中学時代に三年間教わった石坂先生の思い出を語る予定だった。

石坂洋次郎は声が小さく、生徒は夜飛ぶ蛾のようだと「夜蛾《よが》」のあだ名で呼んでいた。むのがたいまつ新聞を始めるときに相談して反対されたが、むのが止めることはないだろうとわかっていたので、創刊第一号に文を寄せてくれた。何とか先生の思い出を話したかった。最終的には代理で大策さんと私が横手に行き、ビデオメッセージを会場に流すことになった。

その後の数日間、むのたけじは生死の境をさまよって、大策さんに昨日の夜に俺は一回死んだ、そこから引き返してきた、だからあと三年生きると語ったという。

最後のビデオメッセージ

言葉通り、むのは復活した。六月九日の午後である。その瞬間にははっきりと意識が戻り、残された命を振り絞るようにカメラに向かってメッセージを残した。

「私は今まで、生きるということと死ぬるということについて、何度か意見を述べたことがあるんだけれども、自分自身が死に直面すれば、どういう態度で何をどう判断するか。そういう明確な道標を持っていなかったようです。忘れていて、呑気にしていたけれども、それにもかかわらず、今回五月九日から六月九日のこの体力の衰弱と、言ってみれば昏迷で、今、ひとつの危機を、まあ、乗り越えさせてもらったわけだ。医学によって、そこからやっと一回脱出してきたと思います。こういうことは過去にありません。

生きるとはなんぞや、死ぬるとはなんぞやということは、何度かおしゃべりしてきましたが、自分自身の命をかけて、実際の真実を考えるというようなことはなかったので、今度は自分にとって、大切な経験だと思います。何が大切かといえば、やはり人間の命の重さと軽さと、それに対する当人の責任能力、可能な能力がやっぱり問われるという気がいたしますねえ。これが、まずひとつ。

やっぱり、死にかけていた状態から、抜け出してきた。一回だけでも抜け出してきた。これは、私にとってとても貴重ですし、もう一度、生命とは何かを考えて、人々に語りかけたい気がいたしますね。

ここ十数年来、私の心にある一番重い石、ストーンは、やっぱり人類は滅びに至るのか、まるごと。それとも、どこかで助かりなおして、滅びないで済むかどうかというテーマなんです。直接には第二次世界大戦の過ちを忘れて核戦争をやれば、これはもう人類だけでなく地球にいる動物、植物のあらましが死に絶えていくでしょうからね。これは何としても止めなくちゃならない。ずーっと何百万年も世話になっていながら、宿賃の一円も払わずに、人類を生かしてくれた地球を壊すなんて、そんな馬鹿げたことを人類はやっちゃならない。まずこれを防ぐということ。

それから、自分が九〇歳になってからですが、幼い命、これがとっても大切になってくることを私に経験させてくれるいろんな出来事に出会いましてね。幼いものを壊すものはすべてを壊すね。うん。そういう風な、いろんな問題の重なりがあります。私は自分で自己診断すれば、そうですねえ、九〇%は死にかけていたと思います。

で、それを抜け出たというのは多分、人類の、人類というか、生き物としてやってはならないことをやらせて死ぬわけにはいかないという思いと、地球の中になんであれ、幼い命を残しておけば、地球は立ち直るチャンスを持つ。自分自身は生きることだけを考えてきたから、死なずに済んだのではないかと。そういうようなことをまず、言います。ちょっとあと休みます」

「葬式無用、坊主不要」

「八〇年、ジャーナリストの一本道を歩く」は、むのの言葉だが、最後のメッセージは自分の命を対象にして生と死を考えるという宣言だった。取材の対象は外部だけではない。自分自身の内部にある自分の命を見つめていた。

病状は毎日変化して、平穏な日々と、苦しむ日々が繰り返されていた。しかし、時々容体が持ち直して、俺はどこで何をしていたんだろうという表情で、頭をかいていたこともあった。ポリポリと頭をかくのは癖のようだが、その時には菩薩のような穏やかな微笑を浮かべたが、また目を閉じて浅い呼吸を繰り返していた。入院から六七日、むのは退院して自宅療養を始めることにした。回復するというよりは自宅で最期を迎える覚悟だった。

夏の盛りだった。その様子を武野大策は書き記している。

「生き返ったという六月九日のあと、順調に回復することはありませんでした。ふたたび体調が悪くなり、それに対応する処置をすると、また少し元気を取り戻しますが、すぐまた悪い状態になるといった繰り返しの中で、体力がどんどん落ちていきました。どこで最期を迎えるかが関係者の中で話題になります。

父は母が亡くなった私の家を希望し、それで七月一五日退院します。私は父が六年ばかり住み続けた家に帰ることで、自分から治そうとする気力が強まることを期待し、訪問看護を頼みながら父を見ました。しかし、気力が戻ることはありませんでした。八月二〇日午後一一時半過ぎ、痰《たん》が絡んでいるようだったので、口を開け、スポンジが付いた棒で取ってあげたら、呼吸が楽になったように見え、私はホッとした。父も私の手を軽く握り、微笑んだ。それから少しして、呼吸がなくなり、脈もとれませんでしたので、かかりつけ医を呼びました。かかりつけ医はすぐに来て、診察し、八月二一日零時二〇分老衰で亡くなったことを私に告げました。

私は不思議なことにその言葉を落ちついて聞けました。それは父が二〇一〇年の冬から心不全を患っていて、発作を時々起こし、死ぬのではないかと思うことがたびたびあったからです。そもそも私が父の仕事を手伝うようになったのは、死んでもそれまでの努力がムダにならないようにするためでした。その思いは親子で共有できていました。死ぬ直前の八月一七日も言い残しておくことがあるので、録音してくれと言いました。そこで、デ一タレコーダーのスイッチを入れたが、『日本の……』と言っただけでした。何を言いたかったのか今はわかりませんが、やはり日本の行く末を最後まで気にしていたことがうかがえます」

入院中にむのは、大策さんがこの数年、自分と行動をともにするようになって多くの人たちと知り合い、良い友人に恵まれるようになったのがうれしいとつぶやいた。息子を思う父の言葉だった。それに続いて、「よい仲間、友だちこそが世界で一番大事なもの。王様なんていうものはどうでもいい！　大将軍なんていらない！」と目を開いて絞り出すように語った。

仕事の仲間、暮らしの仲間、同じ悩みで悩む仲間が人生の一番大事な宝だ。しばらく間があって、残念ながらそれが少ないんだなーと嘆息した。ジャーナリストとして、何千人、何万人の人に会って、話を聞き、会話を交わしその後も相互にやり取りを続けてきた人たちがいる。年賀状も五千枚、多い時には一万枚も書いたという。しかし、本当に今会いたいなーと思う人は少ないと絞り出すように語った。

一〇〇歳を祝う会で、むのたけじは生涯の友として、朝日新聞時代の信夫韓一郎のことを語った。信夫は、遺書に「葬式無用、坊主不要」と記していた。むのも葬儀をするぐらいなら、自分の著書を少しでも多くの人に読んでもらえるようにしてほしいと、大策さんに言い残して亡くなった。

余談となるが、むのたけじは笑いながら世を去ったのだろうか。今まで何度も目にした笑顔の裏には何があったのだろうかと考える。若い世代が多い講演会ではしばしば口にした言葉がある。入院前の早稲田での対話集会でも学生に向かってこういった。

「私の好きな言葉は、命がけ。やるなら命がけで死にもの狂いでやってごらんなさい。必ずすごいエネルギーが湧いてくる。奇跡は起こらないけど、人間は奇跡を起こすことはできる」

その時の学生たちがびっくりして、自問自答している表情が目の裏に焼き付いている。生涯をかけて怒りや悲しみをぶつける何かを私たちは持っているのだろうか。むのたけじのように、この世に生を受けた意味をとことん考えることなんてなかったと気づかされる思いがして、学生だけではなく取材していた私たち全員が凍りついたように思えた。

余談が続く。映画『笑う101歳×2 笹本恒子 むのたけじ』は二〇一六年の東京国際映画祭の特別上映作品に選ばれた。上映が終わり舞台挨拶をした。武野大策はこう観客に挨拶をした。

「最終的に父は、本当に笑いながら死にました。というのはですね、ちょっと呼吸が厳しくなりまして、それで私が痰が絡んでいるので取ってあげたんですが、そうしたらありがとうという感じでニコッと笑いました。そうして私の手を握って、それで亡くなりました。最後は、本人は微笑みながら死にたいということをずっと言っていました。それを実現して逝きました」

あとがき

目を開けることも難しく、口から食事をとることも難しく、荒い呼吸を繰り返していたむのたけじの意識が突然戻った。その数分間で口にした「もう一度、生命とは何かを考えて、人々に語りかけたい気がいたしますね」という言葉が脳裏を離れない。一〇一歳の誕生日の朝に、自分を最後まで記録してほしいと言ったむのさんは、入院して生と死の境をさまよっていた。覚醒してカメラに向かい話したその言葉から二ヵ月一二日後に永眠した。

日本人の平均寿命を最初に調査した明治二〇年代には、寿命は男四三歳、女四四歳（完全生命表・厚生労働省）だった。それが現在は二倍に伸び、さらに寿命一〇〇歳時代が始まったといわれる。その日以降はもうまとまった話がむのさんの口から出ることはなかったので、最後まで記録するというのは何を意味していたのか。「目をそらさずに俺を見ておけ」だったのか？　むのたけじは最後に何を考え、何を語ろうとしたのか。

むのは若い時から、自分の死期は半年ぐらい前には予感するだろうと思っていた。命は自分のもっとも大切なものだから、予知するのは当然と考えた。人生五〇年時代には、日本人は伝統的な死生観を持ち、死を前提にして人生をいのちがけで生きてきた。生命の尊厳とはいつかは失われるものへの限りない哀惜である。現代は超高齢化時代を迎え、老いをどう生き、どう健康で過ごすかという関心が大きくなっている。生、老、病、死の、死への切実な問いかけが消えれば、生の存在感も薄まってしまうのではないだろうか。生死は一貫だという覚悟があって一人一人の人生が輝く。

入院からの三ヵ月半、最後の日々を見つめていると、水分を控えて体液バランスを保つ医療で、余分な脂肪やたんぱく質が落ち、身体は削ぎ落とされて次第に即身成仏の相が表れてきた。かねがね話していた「おれは微笑と絶息をうまく結合させたい」が実現するだろうか。「死を不幸として、皆が悲しんでも、死にゆく俺はそれでは浮かばれないよ！」というむのたけじの声が聞こえるように感じた。それが笑って死にたいである。

最後は、時々目を開けるが半眼であった。映画『笑う101歳×2　笹本恒子　むのたけじ』では、むのの目がラストカットになった。私はどこかで涅槃像を連想し、完全燃焼したジャーナリストの人生に深い敬意を感じている。

関連年表

西暦	元号	むのたけじ（武野武治）の足跡	主な社会的出来事
1915	大正4	秋田県六郷町に誕生（1・2）	中国に21ヵ条の要求（1・18）
1921	10	六郷小学校入学	
1923	12		関東大震災（9・1）
1927	昭和2	横手中学校入学。後に流行作家となる石坂洋次郎に国語や道徳を習う	
1931	6		満州事変（9・18）
1932	7	東京外国語学校スペイン語学科入学	5・15事件
1936	11	報知新聞入社。秋田支局へ。三菱鉱山尾去沢鉱業所の貯水池が決壊した事故を取材（11月）	2・26事件
1937	12		盧溝橋事件、日中戦争始まる（7・7）
1938	13	細谷美江と結婚（4月）、報知新聞本社社会部へ異動、遊軍	
1939	14	長男・鋼策誕生	平沼内閣総辞職（8・28）。ドイツ、ポーランドに侵攻、第二次世界大戦始まる（9・1）

	昭和		
1940	15	衆院議員・斎藤隆夫をインタビューした「今のままでは世は闇だ」の記事（2月）。中国へ派遣（7月）。朝日新聞社に移籍（11月）	斎藤隆夫、反軍演説（2・2）、日独伊三国同盟調印（9・27）
1941	16	長女・ゆかり誕生	東條内閣発足（10・18）、真珠湾奇襲攻撃、日米開戦（12・8）
1942	17	ジャワへ特派員として派遣（1月）、ジャカルタ支局員に（6月）	ミッドウェー海戦大敗（6・5）
1943	18	社会部遊軍メンバー（4月）	アッツ島日本軍全滅（5・29）、サイパン島日本軍全滅（7月）
1944	19	長女・ゆかり、疫痢で死去。次女・きらか誕生	小磯内閣発足（7・22）、特攻隊開始（10・25）
1945	20	朝日新聞退社（8・15）	東京大空襲（3・10）、ポツダム宣言を受諾を決定（8・14）、玉音放送（8・15）
1946	21	中京新聞の創刊を手伝う	日本国憲法公布（11・3）
1947	22	三女・あじあ誕生	GHQがゼネストを中止（1・31）、日本国憲法施行（5・3）
1948	23	家族で秋田県横手市に移る（1月）、週刊新聞「たいまつ」創刊（2・2）	大韓民国成立（8・15）、朝鮮民主主義人民共和国成立（9・9）
1949	24		中華人民共和国成立（10・1）

西暦	昭和	事項	社会
1950	25	四女・まどか誕生	朝鮮戦争始まる（6・25）
1953	28	次男・大策誕生	バカヤロー解散（3・14）
1955	30	衆院選秋田2区に出馬、落選	バンドン会議（4月）
1956	31	「毛沢東伝」を連載	
1958	33	横手市長選に出馬、落選	皇太子婚約（11・27）
1960	35		日米新安保条約強行採決（5・19）
1963	38	『たいまつ十六年』を企画通信社から刊行	
1964	39	『たいまつ十六年』を理論社から再刊し、ベストセラーに	東京オリンピック開催（10・10）
1965	40		日韓基本条約調印（6・22）
1971	46	三理塚闘争の農民から要請を受け、現地に赴く	
1972	47		沖縄本土復帰（5・15）、日中共同声明調印（9・29）
1973	48	日本文化訪中団副団長として国賓待遇で訪中、人民公会堂で講演（3月）	
1978	53	たいまつ780号で休刊	
1979	54	世界の実情を見る旅を始める。この年は西欧諸国へ	
1980	55	アメリカ、カナダ、韓国への旅	イラン・イラク戦争始まる（9・9）
1982	57	ソ連への旅	

西暦	和暦		事項	社会の動き
1984	昭和	59	東欧への旅	国鉄分割民営化（4・1）
1987		62	眼底出血で入院	
1989	平成	元		昭和天皇崩御、平成に改元（1・7）、ベルリンの壁崩壊（11・9）
1990		2	朝日新聞秋田版に「埋火」を毎週連載	東西両ドイツ、国家統一（10・2）
1991		3	横手市文化功労者	湾岸戦争始まる（1・17）。ソ連崩壊（12・26）
1995		7		阪神淡路大震災（1・17）。地下鉄サリン事件（3・20）
1998		10	初めての沖縄訪問	長野オリンピック（2・7）
1999		11	「むのたけじ平和塾」開始	
2000		12	全国各地での講演が3000回を超える	
2002		14	胃がんで手術	サッカー・ワールドカップ日韓大会（5・31）
2004		16	再び沖縄訪問	
2005		17	妻・美江、92歳で死去。	
2007		19	肺がんで放射線治療	
2008		20	二度目の眼底出血	
2009		21	朝日新聞秋田・岩手版で連載「むのたけじの伝言 再思三考」開始（16年まで）	

2010	平成22	秋田県横手市からさいたま市へ転居、次男・大策と暮らし始める	
2011	23		東日本大震災（3・11）
2012	24	保育経営セミナーでの講演をきっかけに子どもへの関心深める。宮沢賢治イーハトーブ賞受賞	
2015	27	100歳に（1・2）。「ETV特集むのたけじ100歳の不屈」放送	集団的自衛権を認める安全保障関連法が成立（9・19）
2016	28	たいまつ新聞のデジタル化完成（4月）。東京・有明の憲法集会での演説が公での最後の姿に（5・3）。肺炎で緊急入院（5・9）。7月に退院するが、自宅で死去（8・21）	

【著者】
河邑厚徳（かわむら　あつのり）
1948年生まれ。映画監督、大正大学特命教授。71年東京大学法学部卒業。NHK ディレクター、プロデューサーとして『がん宣告』『シルクロード』『チベット死者の書』『エンデの遺言』などを制作。長編ドキュメンタリー映画作品として『天のしずく 辰巳芳子“いのちのスープ”』『大津波 3.11 未来への記憶』『笑う101歳×2 笹本恒子 むのたけじ』がある。

平凡社新書８５０

むのたけじ　笑う101歳

発行日――2017年８月10日　初版第１刷

著者――河邑厚徳
発行者――下中美都
発行所――株式会社平凡社
東京都千代田区神田神保町3-29　〒101-0051
電話　東京（03）3230-6580［編集］
東京（03）3230-6573［営業］
振替　00180-0-29639
印刷・製本―図書印刷株式会社
装幀――菊地信義

ISBN978-4-582-85850-1
NDC 分類番号289.1　新書判（17.2cm）　総ページ224
平凡社ホームページ　http://www.heibonsha.co.jp/